穿越百年中国梦

吕军中题

添加智能阅读向导，提高阅读效率
为您提供本书专属服务

VR融媒党史云课堂
党史故事就在我身边

微信扫码 测一测你的红心！

红色故事会

◉ 虚拟直播红色故事会·大专家讲小党史

红色虚拟展厅

◉《复兴之路》虚拟展厅·红色文物AR近景展示

VR党史学习体验馆

◉沉浸式场景体验·重走红色历史路

随身电子书

◉ 本书原版电子档·随时随地轻松读

国家出版基金项目
NATIONAL PUBLICATION FOUNDATION

顾　问：吕章申
主　编：陈履生
副主编：白云涛

穿越百年中国梦

全民抗战

写给孩子的党史学习教育读本

汪洪斌◎著

SPM
南方出版传媒
新世纪出版社
·广州·

图书在版编目（CIP）数据

全民抗战 / 汪洪斌著 . — 广州：新世纪出版社，2017.12
（2021.12 重印）

（穿越百年中国梦 / 陈履生主编）

ISBN 978-7-5583-1001-0

Ⅰ．①全… Ⅱ．①汪… Ⅲ．①抗日战争—历史事件—中
国—少年读物 Ⅳ．① K265.05

中国版本图书馆 CIP 数据核字（2017）第 296903 号

出 版 人：陈少波　　　　　　　　策　　划：宁　伟
责任编辑：宁　伟　　　　　　　　特约编辑：耿　谦
排版设计：大有图文　　　　　　　责任校对：陈　雪

全民抗战 QUANMIN KANGZHAN

汪洪斌 / 著

出版发行：新世纪出版社
　　　　　（广州市大沙头四马路 10 号）
经　　销：全国新华书店
印　　刷：天津画中画印刷有限公司
规　　格：880mm×1230mm　1/32
印　　张：4.25
字　　数：63 千字
版　　次：2017 年 12 月第 1 版
印　　次：2021 年 12 月第 5 次印刷
书　　号：ISBN 978-7-5583-1001-0
定　　价：22.50 元

如发现印装质量问题，影响阅读，请联系调换：
北京广版新世纪文化传媒有限公司
销售热线：010-65545429

[书中图片由中国国家博物馆提供]

目 录
contents

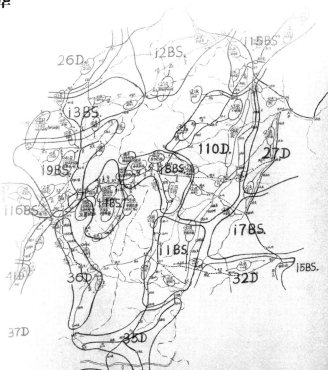

《穿越百年中国梦》总序

2012年11月29日，党的十八大闭幕刚刚半个月，习近平总书记率领新一届中央政治局常委和中央书记处的同志，来到中国国家博物馆参观《复兴之路》基本陈列。

那天上午，习总书记一行轻车简从，9时许来到国家博物馆，进入《复兴之路》展厅参观。一件件实物，一幅幅照片，一张张图表，一段段视频，把我们带回到近代以来跌宕起伏、波澜壮阔的难忘岁月。在19世纪末列强割占领土、设立租借地、划分势力范围示意图前，在鸦片战争期间虎门抗英的大炮前，在反映辛亥革命的文物和照片前，在《共产党宣言》第一个中文全译本前，在中华人民共和国第一面五星红旗前，在党的十一届三中全会照片前，习总书记不时停下脚步，认真观看，详细询问相关历史背景和文物情况。

在参观期间，习总书记发表了重要讲话。他说：《复兴之路》这个展览，回顾了中华民族的昨天，展示了中华民族的今天，宣示了中华民族的明天。中华民族的昨天，正可谓"雄关

中国国家博物馆前馆长　　吕章申

漫道真如铁"。近代以后，中华民族遭受的苦难之重，付出的牺牲之大，在世界历史上都是罕见的。但是，中国人民从不屈服，不断奋起抗争，终于掌握了自己的命运，开始了建设自己国家的伟大进程，充分展示了以爱国主义为核心的伟大民族精神。中华民族的今天，正可谓"人间正道是沧桑"。改革开放以来，我们总结历史经验，不断艰辛探索，终于找到了实现中华民族伟大复兴的正确道路，取得了举世瞩目的成就。中华民族的明天，可以说是"长风破浪会有时"。经过鸦片战争以来170多年的持续奋斗，中华民族伟大复兴展现出光明的前景。现在，我们比历史上任何时期都更接近中华民族伟大复兴的目标，比历史上任何时期都更有信心、有能力实现这个目标。讲到这里，总书记环顾大家，深情阐述"中国梦"。他说："现在大家都在讨论中国梦，何谓中国梦？我以为，实现中华民族的伟大复兴，就是中华民族近代以来最伟大的中国梦。这个梦想，凝聚了几代中国人的夙愿，体现了中华民族和中国人民的

整体利益，是每一个中华儿女的共同期盼。实现中华民族伟大复兴是一项光荣而艰巨的事业，需要一代又一代中国人共同为之努力。我坚信，到中国共产党成立一百年时全面建成小康社会的目标一定能实现，到新中国成立一百年时建成富强民主文明和谐的社会主义现代化国家的目标一定能实现。我更坚信，中华民族伟大复兴的梦想一定能实现！"

我有幸全程陪同习总书记参观，为总书记一行讲解展览，并现场聆听习总书记关于"中国梦"的重要讲话，感受颇深，终生难忘。习总书记提出实现中华民族伟大复兴的"中国梦"，是时代的最强音，凝聚了全球中华儿女的心，成为激励中华儿女团结奋进，实现中华民族伟大复兴的一面精神旗帜。

《复兴之路》基本陈列回顾了1840年鸦片战争以来一百多年间，陷入半殖民地半封建社会深渊的中国各阶层人民，在屈辱和苦难中奋起抗争，为实现民族复兴进行的种种探索，特别是中国共产党领导各族人民争取民族独立、人民解放、国家富强、人民幸福的光辉历程。习总书记参观《复兴之路》并提出实现中华民族伟大复兴的中国梦命题后，中央国家机关、部队、企事业单位、社区街道、社会团体、学校等纷纷来到中国国家博物馆，沿着习总书记的足迹，参观《复兴之路》展览。《复兴之路》展览成为爱国主义教育的重要课堂。

2014年，习总书记在有关讲话和批示中指出，历史是最

好的教科书，博物馆要让文物活起来，让文物说话，把历史智慧告诉人们，激发民族自豪感，坚定全体人民振兴中华、实现中国梦的信心和决心。中国国家博物馆和广东新世纪出版社有限公司落实习总书记的指示，以《复兴之路》基本陈列为基础，经过三年多艰苦工作，编写和出版了这套《穿越百年中国梦》丛书。组织和参与编写这套丛书的同志，大多数参加了《复兴之路》内容设计和布展工作，有的还现场聆听了习总书记关于"中国梦"的重要讲话。他们对《复兴之路》基本陈列不但理解深刻，而且怀有深厚感情。

习总书记指出：中国梦归根到底是人民的梦。有梦想，有机会，有奋斗，一切美好的东西都能够创造出来。习总书记希望广大青少年要勇敢肩负起时代赋予的重任，志存高远，脚踏实地，努力在实现中华民族伟大复兴的中国梦的生动实践中放飞青春梦想。

我相信，在中国共产党即将迎来百年华诞这个重大历史时刻，这套丛书的重印出版，对广大青少年牢记习总书记"不忘初心"的嘱托，更好地开展党史学习教育，增强实现中华民族伟大复兴中国梦的责任感，一定会起到促进作用。

吕章申

前　言

中国现代史学会会长　郭德宏

　　中华民族是一个有着自己梦想，特别是美好社会理想的民族。

　　两千多年前，我们的古圣先贤，就有"小康"和"大同"的社会理想。那时的"小康"理想，就是家家丰衣足食，人人遵守礼仪，互相谦让。那时的"大同"理想，就是天下人如同一家人，家家幸福，人人愉快，"路不拾遗，夜不闭户"。由于历代封建统治者都不代表广大的人民群众利益，古圣先贤的"小康"和"大同"社会理想都没有实现。

　　勤劳智慧的中国人民，创造了光辉灿烂的古代文明：强盛的汉代，繁荣的唐代，辽阔的元代，清初的盛世。那时，与世界上其他大多数国家和地区相比，中国富饶、强盛、文明、进步。用现代语言表述，那时的中国是"发达国家"，其他那些国家和地区则是"发展中国家"。然而，由于帝国主义入侵和封建主义统治腐败，中国落后了。从1840年鸦片战争中国战败到19世纪末，中国逐渐沦为半殖民地半封建社会，陷入将要亡国灭种的深渊。

　　从1840年鸦片战争开始，当时一些思想先进的中国人就寻求救国救民之道。林则徐、魏源开眼看世界，地主阶级的洋务运动，资产阶级维新派的戊戌变法，都试图在不根本触动封建统治的前提下富国强兵，但是都失败了。1894年孙中山创立革命团体兴中会，首次提出"振兴中华"口号。1902年康有为完成《大同书》的写作，期望中国实现古圣先贤所憧憬的大同世界。1902年梁启超发表《新中国未来记》，1904年蔡元培发表《新年梦》，都憧憬中华复兴，雄立世界。近代以来，每一个中国人都满怀着复兴中国、振兴中华的梦想。但在半殖民地半封建社会的旧中国，中国人民的这一梦想不但没有实现，反而遭受着越来越严重的民族苦难。

1921年，伟大的中国共产党成立，超越古圣先贤"小康"和"大同"的社会理想，提出了夺取反帝反封建胜利、建立人民当家做主政权、最终实现人类最美好最理想的共产主义社会的奋斗目标。中国共产党肩负起民族独立、人民解放的历史重任，领导中国人民，经过浴血奋战，于1949年建立了人民当家做主的中华人民共和国。新中国成立，是中华民族由衰落走向强盛的历史转折点，开启了中华民族伟大复兴的新纪元。

中华人民共和国成立后，毛泽东、周恩来等老一辈革命家，领导全国各族人民为实现国家富强、人民共同富裕的新的历史任务而奋斗。在党的领导下，中国确立了社会主义基本制度，成功实现中国历史上最伟大最深刻的社会变革，为中华民族的伟大复兴奠定了制度基础。与此同时，中国共产党领导全国人民进行大规模经济建设和文化建设，取得了旧中国几百年几千年所没有取得的成就，为实现中华民族伟大复兴奠定了基本的物质基础。

1978年改革开放以来，以邓小平、江泽民、胡锦涛同志为主要代表的中国共产党人，全面推进社会主义现代化建设。神州大地，生机勃发。2010 年，中国 GDP（国内生产总值）上升至 34 万亿元人民币，成为仅次于美国的世界第二大经济体，并一直保持至今。伴随着各方面的迅猛发展，中国迅速走向繁荣，国际地位不断提高，国际影响日益扩大。中国步入世界强国之列，为实现中华民族伟大复兴创造了现实条件。

2012 年 11 月 29 日，习近平总书记率领新一届中央政治局常委和中央书记处的同志参观中国国家博物馆《复兴之路》基本陈列。习总书记在这里向全世界宣示"中国梦"，重申"两个一百年奋斗目标"，既是中国共产党对全国人民的郑重承诺，是党和国家面向未来的政治宣言，也是中华民族伟大复兴的总动员。中国的伟大发展，又一次站在新的历史起点上；中华民族的伟大复兴，揭开了历史新篇章。

以习近平同志为核心的党中央，"不负重托，不辱使命"，在实现中华民族伟大复兴中国梦的推动下，国民经济继续稳步发展，中国的国际地位更加提高，国际影响力更加扩大。我们现在比历史上的任何时期都更加接近中华民族伟大复兴这个目标，我们现在比历史上任何时期都有信心、有能力实现这个目标。

中国梦连接着过去与现在、历史与未来，连接着国家与个人、中国与世界。拥有五千多年文明历史的中华民族，曾经创造了辉煌的古代文明，走在世界前列，为人类社会发展做出了巨大的贡献。今天，中华民族的伟大复兴，不仅造福中国人民，而且造福世界人民。已经步入世界发展中大国的中国，理应承担起大国责任，对人类社会的发展进步，做出更大的贡献。

《穿越百年中国梦》丛书回顾了 1840 年鸦片战争以来一百多年间，陷入半殖民地半封建社会深渊的中国各阶层人民，在屈辱和苦难中奋起抗争，为实现民族复兴进行的种种探索，特别是回顾了中国共产党领导全国各族人民争取民族独立、人民解放、国家富强、人民幸福的光辉历程。这套丛书深刻揭示了历史和人民为什么和怎样选择了马克思主义，选择了中国共产党，选择了社会主义道路，选择了改革开放；深刻揭示了历史和人民为什么必须始终坚持高举中国特色社会主义伟大旗帜不动摇，坚持中国特色社会主义道路不动摇；昭示出没有共产党就没有新中国，就没有中国特色社会主义，只有社会主义才能救中国，只有改革开放才能发展中国、发展社会主义、发展马克思主义。

我相信，这套丛书的出版，能够使广大青少年读者更加深入地了解中华民族近代以来反对外来侵略史、人民解放的抗争史，了解中国共产党领导全国各族人民为中华民族伟大复兴而奋斗的创业史和改革开放史，为实现国家富强、民族振兴、人民幸福的中华民族伟大复兴的中国梦，夺取新时代中国特色社会主义伟大胜利，提供令人振奋的精神动力。

郭德宏

　　1937 年 7 月 7 日，日本为实现吞并全中国进而征服亚洲、称霸世界的野心，以制造"卢沟桥事变"为起点，悍然发动了全面侵华战争。中国军民被迫奋起抵抗，全国性抗战爆发。在中国共产党倡导建立的以国共合作为基础的抗日民族统一战线旗帜下，全国人民同仇敌忾，浴血奋战，以鲜血和生命铸就了反侵略战争的历史丰碑，

全民抗战

最后取得了抗日战争暨世界反法西斯战争的伟大胜利。
这场战争的胜利，捍卫了中华民族数千年的文明成果，
谱写了世界民族解放战争史上灿烂的篇章，极大地振奋
和升华了中华民族伟大的民族精神，为中华民族的复兴
奠定了坚实基础。

第一章

日本全面侵华

VR融媒党史云课堂
党史学习就在我身边

1. 卢沟桥事变

进入 1936 年后，随着中国人民抗日救亡运动的持续高涨和南京国民政府对日政策的不断强硬，特别是"西安事变"和平解决后，当日本感到用阴谋手段难以夺取华北地区、征服全中国时，便加紧在政治、军事、经济、外交等多个方面进行全面的侵华战争准备。1936 年"二二六事件"后上台的广田弘毅内阁，从组织机构到施政纲领，都完全听命于军部的摆布，建立起了高度国防化的准战时国家体制，进一步强化了对外战争政策，日本国家法西斯主义最终形成。

为了在实施扩大侵略战争的行动中不至于做"外交方面的世界孤儿"，日本积极寻找盟友，并最终与德国法西斯结盟，以抗衡国际上的反对势力。1936年11月25日，日本和德国在柏林缔结了《反共产国际协定》及其《附属议定书》和《秘密附属协定》，约定双方在相关侵略行动中相互谅解和支持。对日本法西斯来说，这首先是为全面侵华战争而服务的。日本周密地计划着，使外交配合军事侵略以及牵制第三国的策略，"希望借这个协定加强日本在对华交涉中的地位"；同时也"是为了把苏联牵制在西方，至少在几年内得到稳定的环境"。可以说，日本与德国的结盟，既为德、意法西斯在西方侵略扩张创造了条件，又极大地推动了日本法西斯在东方继续铤而走险，将局部侵华战争发展成为全面侵华战争。

为充分做好实战准备，日本向中国大量增派兵力，并加紧战略部署。1936年上半年，广田内阁决定加强日军中国驻屯军，扩大其编制，提高其地位，司令官由少将军衔升格为中将军衔，由天皇直接任命。新编成的日军中国驻屯军兵力由改编前（6月1日）的1 771人，马174匹，增至改编后（6月10日）的5 774人，马648匹；除步兵旅团外，还配有装甲兵、骑兵、炮兵、工兵、通信兵、宪兵等兵种，以及医院、仓库等；所属部队也由每年轮换制改为常驻制。显然，日军中国驻屯军已经从原来的守备部队转变为一支可执行战略性任务的野战兵团。下半年的9月，日军中国驻屯军一部非法强行进驻丰台、通县，把未来作战的前沿推进到北平近郊。10月26日至11月4日，日军中国驻屯军在北平西南郊举行了步兵、骑兵、炮兵、坦克协同配合的大演习。到1937年的5—6月，日军中国驻屯军在华北的军事演习，特别是在宛平城卢沟桥一带，越来越频繁。一场新的战争即将开始。

1937年7月7日夜，驻丰台的日军中国驻屯军步兵旅团一部，荷枪实弹，奔赴紧靠卢沟桥中国守军驻地的回龙庙至大瓦窑一带，举行挑衅性军事演习。深夜零时许，日本驻北平的特务机关长松井太久郎打电话通知中国冀察当局，诡称日军在卢沟桥演习时失踪一名士兵，要求进入宛平城搜查。中国方面拒绝了日方的要求。但日方仍坚持派兵入城，否则"将以武力保卫前进"。中国冀察当局为防止事态扩大，经与日方商定，先派人进宛平城调查，接下来再找合适的处理办法。正当中、日双方交涉之际，日军中国驻屯军已命令驻丰台的一木清直率领所属官兵开往卢沟桥。不久，日方虽得知失踪士兵已经归队，却仍然要求驻守在宛平城内的中国军队向西门外撤退，等日军进至城内再进行谈判。这一无理要求再次遭到中国方面的拒绝。8 日早晨 5 时 30 分，日军向守备在宛平城和卢沟桥的中国军队发起进攻，并炮轰宛平城。顷刻间，枪声大作，炮声、机枪声不绝于耳。中

1937 年 7 月 7 日，"卢沟桥事变"爆发，日本全面侵华战争开始。图为日军炮轰宛平县城

历史掌故

日军中国驻屯军

日军中国驻屯军也称"日军华北驻屯军"，直属日本陆军部，是当时日本在国外的四大常备兵团之一（其余3个是朝鲜军、台湾军、关东军）。1901年，义和团运动失败后，日本政府根据《辛丑条约》关于在中国华北享有驻军特权的规定，以"护侨""护路"为名，正式宣布组成"清国驻屯军"。1912年，日本将"清国驻屯军"改名为"中国驻屯军"，司令部设在天津。1931年"九一八事变"发生后，日军又于11月挑起"天津事件"，无理要求中国军队撤离天津。1935年，司令官梅津美治郎策划了"华北事变"。8月1日，多田骏中将接任司令官，辖驻北平的第27步兵中队、驻天津的第87步兵中队、冈山炮兵中队、冈山工兵小队，共1 771人。1936年6月，日军统帅部任命田代皖一郎中将为司令官，司令部设在天津，旅团司令部设在北平。1937年7月11日，日军关东军第1、第11独立混成旅团，飞行团6个中队及驻朝鲜军第20师团增调华北，转隶中国驻屯军司令官指挥。7月15日，中国驻屯军又增编18个飞行中队及通信、后勤部队。未几，田代皖一郎病死，由香月清司继任。8月31日，中国驻屯军改编为第1军，隶属于华北方面军战斗序列，香月清司任司令官。

国守军为正当防卫计，被迫进行自卫还击，中国开始全面抗战。这就是"卢沟桥事变"，也称"七七事变"。

日本挑起"卢沟桥事变"后，迅速做出继续对华大量增兵的决定。日军后援部队源源不断地来到中国，开赴华北：从关东军中抽调独立混成第1旅团主力集结于怀柔地区、独立混成第11旅团主力进抵高丽营；从驻朝鲜日军中调第20师团部署于天津、唐山、山海关一线。7月27日，日军在挑起"廊坊事件"和"广安门事件"后，参谋本部下令增调第3、第5、第6、第10、第11师团等部共20余万人开赴中国。29日和30日，日军先后侵占北平、天津。

事实证明，"卢沟桥事变"绝不是偶然事件和局部冲突，而是日本军国主义"大陆政策"的必然发展和有计划、有准备的行动。以"卢沟桥事变"为重要步骤，日本开始发起全面侵华战争。

2. 八一三事变

日本在向华北调集重兵展开战略进攻的同时，也在

1937 年 8 月 28 日，日军飞机轰炸上海火车南站，当场炸死 250 余人，炸伤 500 余人。图为一名被炸伤的婴儿在号啕大哭

积极准备出兵上海，借机把战争由华北扩展到华中。

当时的上海，在地域上是南京国民政府首都的一道屏障，在经济上又是中国最大的工商业城市和重要的贸易港口，具有十分重要的战略地位。

1937 年 7 月 12 日，日本海军军令部秘密制定出对华作战方案，决定在第一阶段配合陆军进行华北地区作战，第二阶段在陆军配合下进行上海作战，然后把战争扩展到华中和华南。

同年 7 月 27 日，日本海军省和军令部达成《关于处理时局及准备的协议要点》，正式提出："鉴于今后形势有很大可能导向对华全面作战，因此，海军应做好对华全面作战准备。"8 月 8 日，日本驻上海的第 3 舰队司令官长谷川清遵照东京的指令，要求驻上海的第 3 舰队做好应付事态扩大的一切准备，并重新部署了兵力。

8 月 9 日下午 18 时 30 分左右，驻上海的日本海军陆战队中尉大山勇夫和水兵斋藤与藏驾驶车辆，故意闯入上海虹桥机场警戒线内，与中国保安队卫兵发生冲突，当场被击毙。这就是"虹桥机场事件"，拉响了淞沪会战的导火索。

事件发生后，中国方面由上海市长俞鸿钧出面通知日本驻上海总领事冈本季正，约定通过外交方式予以处理。但日本却以此为借口，要挟中国政府，提出撤出上海保安队和拆除防御工事等无理要求，准备进攻上海。

8 月 10 日，日本陆军和海军紧急召开磋商会议，决议向上海派兵，并得到内阁会议的确认。12 日，陆军省和参谋部提出了向上海派兵的方案，计划动员 30 万兵

事实真相

《中国娃娃》《中国娃娃》，也称《上海南站日军空袭下的儿童》，出自王小亭之手，1937 年拍摄，最早以 "chinese baby" 之名刊登在美国《生活》杂志封面，真实记录了日军轰炸上海南站时遭受战火伤害的儿童。照片刊发后引起国际社会的巨大反响，受到新闻界高度评价，被认为是美国最优秀的新闻照片之一。据《生活》杂志估计，全世界约有 1.36 亿人看到了它。王小亭（1900—1981），又名王海升，英文名 H. S. Wong，是活跃于 20 世纪二三十年代的中国著名新闻摄影家，曾服务于在华的外国机构，还曾任《申报》新闻摄影部主任，并协助《申报》创办《图画周刊》。

力和 8.7 万匹军马，向上海和青岛各派 2 个师团。同日，日军参谋部和军令部还达成了陆、海军协同作战协定和陆、海军关于在华中作战的航空协定。

日本内阁的派兵决定以及陆军全力支持的消息，以最快的速度传到了上海。正同中国保安队紧张对峙的日军海军陆战队顿时感到有了底气，于是等不及援兵到达，便迫不及待地在 8 月 13 日上午 9 时 30 分，在八字桥地区向中国军队开枪挑衅，接着向驻守在闸北、天通庵等地的中国军队发起全线进攻。中国守军当即予以猛烈还击，震惊中外的"八一三事变"由此爆发。

日军进攻上海，直接威胁到南京的安危。南京国民政府在 8 月 14 日发表《自卫抗战声明书》，"中国为日本无止境之侵略所逼迫，兹已不得不实行自卫，抵抗暴力"，并调集陆军和空军投入自卫战斗。侵略成性的日本政府也在 8 月 15 日发表《帝国政府声明》，宣称要立即采取断然措施报复中国军队的英勇抵抗，要求国内再次进行全民参军大动员，立即组建以松井石根为司令官的上海派遣军，下辖 2 个师团，迅速开赴上海作战。9 月 2 日，日本内阁会议在讨论施政方针时，决定将"华北事变"（7 月 10 日，日本内阁在派兵案中将卢沟桥事变称为华北事变。）改称"中国事变"。4 日，日本召开第 72 届临时帝国会议，做出一系列重大决定，进一步加快了日本转入战时体制的步伐。

随后，日军先后以华北、华中、华南为主要作战方向，相继占领了太原、上海、南京、武汉等一大批中国内地城市。

3. 第二次国共合作

在中华民族生死存亡的危急关头，团结御侮、抗日救亡成了全民族的强烈要求，国共两党实行第二次合作已成为不可抗拒的历史潮流。在中国共产党的积极努力和推动下，国共两党进一步调整政策，迅速走向正式合作。

1937 年 7 月 8 日，中国共产党通电呼吁："全中国同胞，政府与军队，团结起来，筑成民族统一战线的坚固长城，抵抗日寇的侵略！国共两党亲密合作抵抗日寇的新进攻！"同一天，毛泽东、朱德、彭德怀等中国工农红军将领致电蒋介石，表示红军将士愿意为国效命。为尽快促成国共合作，中共中央派出周恩来、秦邦宪（博古）、林伯渠等再次造访庐山，与蒋介石、张冲、邵力子等举行谈判。15 日，中共代表团向蒋介石提交了《中国共产党为公布国共合作宣言》，提出了发动全民族抗战、实行民权政治和改善人民生活等 3 项政治主张，并向全

国郑重声明：愿为彻底实现孙中山的三民主义而奋斗；停止推翻国民党政权和没收地主土地的政策；取消苏维埃政府，改称

《中国共产党为公布国共合作宣言》

特区政府；取消红军名义及番号，改编为国民革命军。这一宣言，进一步体现出中国共产党以民族利益为重促成国共两党正式合作抗日的诚意。

在中国共产党和各界人士的敦促下，蒋介石和南京国民政府也不断调整政策，特别是"八一三事变"的爆发，最终促使蒋介石抗战的方针和政策发生根本性转变，决定接受中国共产党倡导的合作抗日。8月18日，国共双方就陕甘宁边区人事、红军改编和设立总指挥部，以及在若干城市设立办事机构、出版《新华日报》等问题达成协议。9月22日，国民党中央通讯社以《中国共产党为公布国共合作宣言》为题发表了中共代表团在7月15日提交的宣言。23日，蒋介石在庐山发表《对中国共产

党宣言的谈话》，指出团结御侮的必要性，认为"此次中国共产党发表之宣言，即为民族意识胜过一切之例证"，事实上承认了中国共产党在全国的合法地位。

《中国共产党为公布国共合作宣言》和蒋介石《对中国共产党宣言的谈话》的发表，标志着以国共两党合作为基础的抗日民族统一战线正式形成，受到了全国人民、各民主党派和爱国民主人士的欢迎。毛泽东对此高度评价道："这在中国革命史上开辟了一个新纪元。这将给予中国革命以广大的深刻的影响，将对于打倒日本帝国主义发生决定的作用。"中国国家社会党、中国青年党、中华职业教育社和乡村建设派等党派，都先后表示拥护国共合作抗日，并对抗战表现出极大的热情。李济深、陈铭枢等领导的中华民族革命同盟，也以大局为重，从原来的抗日反蒋立场转为拥蒋抗日。

4. 民众抗日救亡

日本军国主义把中华民族逼到了濒临亡国灭种的危

难境地，却唤起了全民族的危机意识和使命感。全国各阶级、阶层的广大民众，全国的少数民族，港澳台同胞，海外侨胞，

青年学生进行抗日宣传

不分党派，不分民族，不分地区，不分宗教信仰，不分男女老幼，不顾一切艰难困苦，自觉服从反对日本侵略这一最高民族利益，求同存异，团结一致，共赴国难。"有钱出钱，有力出力"，在前线、在沦陷区、在大后方，广大民众掀起轰轰烈烈的抗日救亡运动，投入到抵抗日本侵略者的正义之战。

中国工人、农民、知识分子，以及各界爱国人士积极投入抗日救亡斗争。工人抗敌后援会、农民抗敌自卫军、青年战地宣传队、妇女抗敌同志会等抗日组织，如雨后春笋般建立起来，开展热火朝天的抗日宣传、募捐、

慰劳、动员参军参战等抗战活动。"母亲叫儿打东洋，妻子送郎上战场"，正是中国民众特别是抗日根据地的老百姓踊跃参军抗日的真实写照。民族工商业者踊跃为前线捐赠钱物，一些人还不避艰险，把工厂迁往大后方努力生产。上海实业家"利用五金厂"厂长沈鸿将其所带的7名青年工人、10部机床，乘着2条小木船，随以胡厥文为首的爱国工商界迁移委员会向大后方迁移，经西安迁往延安，为以后陕甘宁边区的工业生产奠定了重要基础。在抗日前线，不少民众冒着生命危险，帮助中国军队修筑防御工事、救护伤员、运送物资，有的还直接拿起武器和爱国官兵一起英勇杀敌。在沦陷区，遭受日军残酷屠杀、掠夺和奴役的广大中国民众，不屈不挠，通过各种形式同日本侵略者展开了顽强斗争。

中国各少数民族和汉族千百年来一起生息繁衍在祖国大地，共同推动了中华民族的文明发展和社会进步，值此民族危亡之际，他们也义无反顾地投身到争取中华民族独立和解放的伟大事业中，以实际行动粉碎日本军国主义分裂中华民族、分化瓦解中国抗日力量的企图。东自台

人物故事

马本斋　马本斋，原名守清，直隶献县（今属河北省）人，回族。他早年投身奉军（后称东北军），后入东北讲武堂学习，毕业后在东北军由排长逐级升至团长。1931年"九一八事变"后，因不满蒋介石的"不抵抗政策"，他毅然弃官回乡。

全国性抗战开始后，马本斋在家乡组织回民义勇队，参加抗日斗争。1938年，他率部参加八路军，所部改编为冀中军区回民教导总队，任总队长。同年，他加入中国共产党，后任冀中军区回民支队司令员、冀鲁豫军区第三军分区司令员兼回民支队司令员。由于马本斋熟悉地形、民俗，又英勇善战，打得敌人闻风丧胆。日军对他恨之入骨，企图以"高官厚禄"动摇马本斋的抗日决心。遭拒绝后，日军又残忍地抓走他的母亲，胁迫其劝子投降。马本斋的母亲大义凛然，痛骂日寇，以绝食相抗，最后从容就义。在冀中军区为马本斋母亲举行的追悼会上，他写下了"伟大母亲，虽死犹生，儿承母志，继续斗争"的誓言。1944年2月7日，马本斋因积劳成疾，在山东莘县病逝。

湾，南达海南岛，西到新疆、西藏，北至宁夏、内蒙古、东北三省的广大国土上，各少数民族都积极行动起来，为挽救中华民族危亡、争取抗日战争最后胜利做出了重大贡献。马本斋领导下的冀中回民支队，在 1938 年到 1944 年的 6 年时间里进行大小战斗 870 多次，歼敌 3.76 万余人。他们采取游击战术，以地道战、破袭战、麻雀战等方式巧妙地打击和消灭敌人，攻克敌人碉堡、据点，破坏敌人铁路、桥梁，成为回族人民坚持抗日战争的一面旗帜。

香港、澳门、台湾地区自古就是神州大地的重要组成部分，港澳台同胞作为中华民族的一员，始终积极支持和参加抗日斗争。太平洋战争爆发以前，港澳同胞利用本地区的特殊地位和相对和平的环境，广泛建立抗日救亡团体，开展抗日宣传、募捐筹款，支持和帮助国共两党在本地区设立联络国际支援抗日的机构，转运抗战物资，救济受难同胞，组织救亡工作团或回乡服务团赴抗日前线参加斗争。国民党左派领袖宋庆龄在香港成立的保卫中国同盟，在香港同胞的配合下，广泛联络海外侨胞和全世界爱好和平民主的人士，从海外华侨和许多国家的援华团体募集到大量捐款、物资，支援祖国抗战。1938 年 10 月，由澳门学术界、音乐界、体育界和戏剧界的 50 多个社团组成的澳门"四界"救灾会成立回国服务团，先后有 11 个队 160 多名团员回到内地，先后到达珠江三角洲、粤中、西江、东江和北江等地。日本在台湾实行殖民统治的 50 年（1895—1945）中，台湾同胞一直没有停止过反抗日本侵略的斗争。据不完全统计，在长达半个世纪的时间里，约有 65 万台湾民众献出了自己的宝贵生命，谱写出一部抗日御侮的英雄史诗。全国抗战爆发后，为支援祖国抗战还有许多台湾同胞想方设法来到祖国大陆，为抗日战争的胜利做出了重要贡献。在东南沿海，活跃着一支由台湾同胞组成的抗日武装，即李友邦领导的台湾义勇队和台湾少年团。这支力量于 1939 年年初在浙江金华成立，从事"对敌政治、医务诊疗、生产报国、宣慰军民"的工作，曾先后转战于浙江、福建一带。

总之，在祖国面临生死存亡的危急关头，中华儿女表现出了空前的民族觉醒和民族团结，以血肉之躯，筑成了摧不垮的钢铁长城。有这样的人民，日本法西斯败亡，只是迟早的事。

第二章

罪行累累

VR融媒党史云课堂
党史学习就在我身边

1. 南京大屠杀

南京大屠杀是日军侵占南京后所犯屠杀、奸淫、纵火、劫掠等暴行的统称。1937 年 12 月 13 日，日军占领南京后，为摧毁中国人民的抵抗意志，达到迅速灭亡中国的目的，公然无视国际法的基本准则，进行了大规模的屠杀、奸污中国妇女、抢劫破坏等暴行。

南京大屠杀是日军统帅部实施的有计划、有组织的兽行。日军华中方面军司令官松井石根在占领南京前就命令所属部队，"发扬日本的武威而使中国畏服"。所以，日军占领南京后，在松井石根、第 6 师团师团长谷寿夫的指挥下，对已放下武器失去战斗力的中国军人、警察，以及手无寸铁的无辜平民进行了长达 6 个星期的大屠杀。被日军集体射杀、砍头、火焚、活埋及其他方法处死的人数达 30 万人以上。

日军还展开了史无前例的、骇人听闻的"杀人竞赛"。1937 年 12 月 13 日，日本《东京日日新闻》以《"百人斩"超记（纪）录，向井 106—105 野田，两少尉进行延长战》为题，就向井敏明与野田毅两个日本军人进行的杀人比赛予以报道：向井（敏明）少尉与野田（毅）少尉，举行杀人的友谊比赛，谁先杀死 100 个中国人就算赢了锦标，在（12 月 12 日）他俩碰头的时候，向井已杀了 106 个，野田也杀了 105 个，两个人拿着缺了口的军刀相对大笑。因不知道谁在何时先杀满 100 人，便决定比赛重新开始，改为杀 150 人的目标。该报还刊登了这两个杀人魔鬼的照片。这两个杀人恶魔，在当时成了日本国内不少男女青年崇拜的"英雄"！

在南京城内，日军肆意强奸、轮奸中国妇女，强迫中国妇女充当"慰安妇"。很多妇女被奸淫后再遭屠杀、

1937年12月13日，日本《东京日日新闻》对向井敏明与野田毅两个日本军人进行杀人比赛的报道

毁尸，惨不忍睹。上至七八十岁的老妇，下自未成年的小女孩，都难逃日军的魔掌，成为日军发泄兽行的对象。次数之多，手段之残忍，世界绝无仅有。战后，在日本东京设立的远东国际军事法庭认定，在日军占领南京后的6个星期中，在南京市内发生了2万起左右的强奸、轮奸事件。法庭这一认定及相关数据完全是根据确凿证据而慎重做出的。毫无疑问，这仅仅是一个最为保守的数字，因为好多事件都是死无对证的。

除屠杀奸淫外，日军还大肆纵火焚烧破坏，同时展开疯狂的抢劫掠夺。以"六朝古都"著称的南京遭日军洗劫后，处处残垣断壁，变成了一座尸横遍野、满目凄凉的死城。日军从南京城到底抢劫了多少东西呢？仅据抗日战争胜利后的不完全调查，就有器具2 406套又30.9万余件，衣服5 920箱又591.47万余件，金银首饰1.42万两又6 345件，书籍1 815箱又2 859套、14.86万册，古字画2.84万余件，古玩7 300余件，牲畜6 200余头，等等。

日军在南京所犯的滔天罪行，在南京施展的灭绝人性的丑恶表演，使全世界感到震惊和愤怒。就连纳粹德国驻南京的外交代表都在给希特勒政府的报告中说：犯罪的不是这个日本人或那个日本人，而是整个陆军即日军本身的残暴和犯罪行为，他们是兽类的集团，是一架正在开动的野兽的机器。

12月13日，是每一位中华儿女都应该铭记的日子。因为从这一天开始，就在那个漫长冰冷的冬天，昔日美丽的南京变成了惨绝人寰的人间炼狱，经历了人类历史上空前的黑暗和极端的恐怖。南京大屠杀证据确凿，铁证如山，为世人所公认。战后，东京远东国际军事法庭和南京审判战犯军事法庭在取得大量证据、弄清事实真相的基础上，分别判处主犯和罪魁祸首松井石根、谷寿夫等极刑，他们万死难辞其咎。

2. 重庆大轰炸

在侵华战争期间，日军还把空中轰炸作为大规模屠杀中国无辜民众的重要手段，在各地实施无差别轰炸，制造恐怖氛围，妄图使中国人民俯首帖耳，接受日本的殖民统治。

南京国民政府在 1937 年 11 月 20 日宣布迁都重庆后，重庆成为战时首都，成为大后方的政治、军事、经济和文化中心。重庆也因此成为日军战略轰炸的主要目标。据不完全统计，从 1938 年 2 月至 1944 年 12 月，日军飞机持续轰炸重庆达 6 年零 10 个月，平民居住区、商业区、学校、医院、外国使馆等非军事区均遭到轰炸，造成直接伤亡达 3.28 万余人。仅 1938 年 10 月至 1941 年 8 月，空袭重庆城区的日军飞机就有 3 585 架次，投弹 9 877 枚。

日军轰炸重庆的高潮时期，集中在 1939 年至 1941 年。为了达到日本军国主义者的战略目的，侵华日军先后发动了 1939 年的代号为"100 号作战"的大轰炸、1940 年

的代号为"101 号作战"的大轰炸，以及 1941 年的代号
为"102 号作战"的大轰炸，对以重庆为中心的中国大
后方实施无差别的轰炸，制造了"五三""五四"大轰
炸和"较场口大隧道惨案"等事件。1939 年 5 月 3 日，
26 架日军飞机对人口密集、商业繁荣的重庆渝中半岛进

历史掌故

"战时首都"重庆

　　1937 年 11 月 19 日，蒋介石召集国防最高会议，做了
题为《国府迁渝与抗战前途》的讲话，确定四川为抗战的
大后方，重庆为南京国民政府驻地。11 月 20 日，南京国
民政府宣布"移驻"重庆，重庆即正式担负起战时首都的
责任，重庆也因此而成为抗战时期大后方的政治、军事、
经济、文化中心。1940 年 9 月 6 日，南京国民政府发布训
令，明定重庆为国民政府陪都。抗日战争胜利后，1945 年
12 月，蒋介石下令编制《（重庆）十年为期之建设计划》。
1946 年 2 月 5 日，蒋介石公开称国民政府"还都以后，重
庆将永久成为中国之陪都"。次日，重庆市政府成立陪都
建设计划委员会，开始编制《陪都十年建设计划草案》。
综观抗战时期重庆的主体功能，它是历时 8 年多的"战时
首都"，是当时中华民国国民政府的政治与文化中心，以
及世界反法西斯战线远东指挥中心。

行轮番轰炸，上百颗炸弹如雨点一样倾泻而下，从两江汇合处的朝天门到中央公园两侧约 2 000 米的市区最繁华街道化为一片火海，昼夜不息。重庆民众甚至来不及擦干血与泪，4 日下午 6 时，27 架日军飞机再次来袭，市区 27 条主要街道中的 19 条被炸为废墟。由空袭引发的大火，燃烧至 7 日才熄灭，使全市三分之一的建筑化为灰烬。当时在重庆的美军飞行员陈纳德将军目睹了那场悲剧，"爆裂的竹子溅出火星，坍倾的板壁燃起大火。整座城市烈焰滚滚，一直烧到江边。1 万多人被大火烧死或被浓烟呛死"。1941 年 6 月 5 日深夜，日军再度出

"较场口大隧道惨案"中的遇难者遗体

动大批飞机夜袭重庆。大量民众被迫长时间拥挤在通风不畅的隧道内，由于简陋的设施与混乱的管理，因而造成了数千避难民众在极度拥挤与缺氧中伤亡的"较场口大隧道惨案"。

重庆大轰炸使重庆遭受了巨大人员和财产损失，对重庆市民的生活和心理产生了巨大影响。由于日机长期空袭，重庆由之前的美丽山城变成了垃圾多、污水粪便多、老鼠多的"三多"城市，霍乱、痢疾、天花、流行性脑炎等一些传染性疾病肆意流行，大批市民染病丧生，重庆由此成为中国大后方遭受损失最为严重的城市。

3. 制造"无人区"

日本侵略者在对中国进行军事攻击的同时，还采取了一系列殖民统治措施，策动、拼凑一些地方性傀儡政权，强制推行奴化教育等，以期达成所谓"治本"的目的。

建立"集团部落"，是日本无数"治本"措施中最主要的一项。1934年12月3日，日本侵略者借伪满洲国的名义颁布了《关于建设集团部落》的通令，要求将分散的村、屯强行合并，把民众驱赶到比较大的村庄集中居住，将小村、小庄烧光，树木砍光，从而制造了许多"无人区"。

"集团部落"里，劳役繁重，许多人因此致死、致残，被冻死、饿死和因传染病而死的更是不计其数。农民被迫居住在"集团部落"里极为简陋狭小的环境中，生活条件极其恶劣，没有任何人身自由。即便这样，日军也不放心，又实行保甲制度，规定：一家犯"法"，九家连坐，三五人不得结群走路和说话，不准串门，夜间不准关门。无论白天黑夜，日军都可以随意出入任何家庭，无数妇女被强奸、轮奸。日本宪兵、警察、特务是"集团部落"的主宰，他们乱抓乱杀，无恶不作。许多人被残酷折磨而死，老百姓愤怒地把"集团部落"称为"人圈"。

日本发动全面侵华战争后，日军又将"集家并村"、制造"无人区"的暴行推向河北、察哈尔、热河、辽宁等地。1942 年 8 月上旬，日军华北方面军司令官冈村宁次在北平召开兵团长会议，决定沿长城线制造"无人区"，并在"治安区"和"准治安区"及交通要道两侧修筑遮断壕和碉堡。根据这次会议决定，日军从 1942 年秋起（有的地区从 1941 年开始）到 1945 年战败投降，在冀东长城沿线制造了西起古北口，东到山海关，东西长约 350 千米，南北宽约 30 千米，面积约 1 万平方千米，广及滦平、承德、兴隆、平泉、凌源、青龙、密云、遵化、迁安 9 个县的偌大"无人区"。

在"无人区"内，日军疯狂推行灭绝人性的烧光、杀光、抢光"三光"政策。除大规模军事"扫荡""围剿"以外，他们还专门组织快速部队追杀百姓，不论沟谷川道，还是崇山峻岭，反复"搜剿"。日军所到之处，草木过刀，宅舍过火，奸淫抢掠，人民备受摧残。日军大规模制造的"无人区"，使冀东长城沿线两侧的 9 个县约 600 万亩土地荒芜，1 000 余个村庄毁灭。当时有个说法，叫"南有南京大屠杀，

日军绘制的河北兴隆"无人区"地图

事实真相

日本战犯斋藤良雄在 1954 年 9 月 17 日的笔供（摘录）

　　1942 年 4 月，奉大滩警察署警务主任伊藤由一的命令，为了切断和八路军的关系，对原热河省丰宁县大滩警察署平头梁分驻所管内接近长城线附近的 30 户某村落的住民，由当地撵出，制造"无住地带"，我以特务主任警长命令平头梁分驻所长杜警尉，将该村落放火烧掉。由于我的命令，烧毁中国人民房屋 30 所，150 名中国人民被逐放到内蒙古赤城地区。1944 年 5 月，热河省公署移民辅导部给青龙副县长以如下的密码电报命令："迄至某日，须集结北满移民 300 名于铁道沿线平泉车站。"我将此电报译成密码拍发给青龙县，使该县人民从自己的土地和房屋搬出，被强制迁移于北安省。就这样从热河省被逐放的人民达 5 000 名。

北有千里无人区"，正是日军暴行的真实写照。

　　每个"集团部落"，每个"无人区"，一定都有一部日本侵略者烧杀淫掠的血泪史。身处重灾区的兴隆县，其受害程度非常惨烈。据统计，在短短 12 年里（1933 年 12 月至 1945 年 8 月），仅有 10 余万人口的兴隆县，就因饥饿、瘟病和日军亲手残害致死多达 6 万多人。

4. 炮制"万人坑"

　　日本侵略者为实现"以战养战"的目标，在占领区实施残酷的经济掠夺，同时也实施强制劳动政策，使中国沦陷区的人民成为罪恶的强制劳动政策的最大受害者。"万人坑"就是日本军国主义侵略中国进而疯狂掠夺中国的经济资源、残害中国劳工的历史见证。

　　日本侵略者在中国使用劳工比较集中的地方，大都有"万人坑"。他们对中国劳工的奴役和迫害非常残酷，其中最典型的莫过于对矿工的奴役和迫害。

吉林辽源煤矿"万人坑"一角

他们在掠夺中国的矿产资源特别是煤炭资源时，实行惨无人道的要煤不要人、以人换煤的"人肉开采"政策，冒顶、片帮、水淹、瓦斯爆炸等事故接连不断，造成大批矿工伤亡。他们不顾劳工的死活，在极其恶劣的劳动和生活条件下强迫劳工超时、过量地劳动，造成疾病流行和大量死亡。成批的劳工被折磨致死，死后就被扔进矿山附近的山沟里，有些人尚未死去，也被活活抛入乱石坑。这样久而久之，便形成了许许多多的"万人坑"。目前，全国共发现这种"万人坑"近100处，死难同胞达百万人以上。

辽源煤矿是日本占领东北后直接控制的煤矿企业之一。矿区四周围有2道铁丝网，中间夹着1层高压电网，里面还有一道3米多高的土墙。包围圈的要道口设立了7道门岗，只准进，不准出。从关内各地骗来的矿工，在这里受尽了残酷的剥削和压迫。他们没日没夜地在井下干活，待血汗被榨干后，便被扔进"万人坑"。方家柜矿区"万人坑"是从1941年开始埋人的，1年零8个月后就被填满了。被发现时，尸骨一个挨着一个，一层压着一层，

事实真相

辽源煤矿"万人坑" "九一八事变"后，日本侵略者于1931年年底侵占了辽源煤矿，随即开始了对辽源煤炭资源的疯狂掠夺。日本侵略者在东北和山东、河北、河南、山西等地，用招、骗、摊派、强抓等各种手段，把成千上万的劳工押送到辽源，给每个人登记编号后，将劳工囚禁在用铁丝网圈起的矿区范围内。劳工们每天要在日本监工和把头监视下从事12～16个小时的强体力劳动。1963年9月，辽源煤矿在对日本统治时期死亡的劳工墓进行清理时，从一位劳工的尸骨胸前位置发现了一张工票。这张字迹清晰的工票记载着这位名叫牛世清的劳工，在伪满洲国康德九年（1942年）的11月劳动了30天，工资金额32.34元，但经过扣除上月欠款9.38元，本月扣金27.2元，当月仍欠4.24元。劳工除被折磨死之外，因饥饿、疾病、事故等原因而死亡的更是无法计算。劳工死后就被扔进了"万人坑"。后来因为死的劳工越来越多，日本侵略者还修建了"炼人炉"，直接焚尸灭迹。

在一处200多平方米的地方，竟然排列着179具尸骨。

另外，根据1942年11月27日日本内阁做出的向其本土大量输送中国劳工的决定，华北地区的劳工，特别是

被俘的中国军人，被大量送往日本本土。"花冈惨案"是
在日华工悲惨遭遇的缩影。1944 年 9 月至 11 月，被掳往
日本秋田县花冈鹿岛公司的 986 名中国战俘劳工，因遭受
寒冷、饥饿、超强奴役以及监工肆虐殴打迫害，半年就死
亡 200 余人。为了尊严和生存，1945 年 6 月，大队长耿
谆率领劳工暴动起义。起义失败后，100 多名劳工被日本
军警和监工刑讯折磨致死，最终死亡总数达 418 人。

在 14 年的抗战中，中国被日本征掳的劳工总数超过
1 000 万人，其中仅在东北被虐待致死者就达 200 万人。
另据战后日本方面的统计，有近 4 万名中国劳工被运往
日本国内做苦力，其中死亡约 7 000 人，伤残 6 778 人，
伤亡率超过在日中国劳工总数的 1/3。

5. 恐怖 "731"

在侵华战争期间，日本公然违反国际公法，在中国
土地上研制和使用生物武器，进行细菌作战，甚至利用
活人进行各种实验，大量残杀中国人民，使中国军民受

到巨大的伤害。瘟疫流行之时，疫区内尸首相枕，满目疮痍，人烟尽绝；大灾之后，鼠疫、炭疽余毒不绝，绵延流续，受害者之惨痛遭遇无以言表。1944年秋至1945年3月，滇西日军面临彻底失败前夕，再次丧心病狂地实施细菌战，在芒市、遮放、梁河、腾冲等地投放鼠疫，致使滇西16个县鼠疫流行，一直延续到1953年。

"731"部队是日军在我国东北建立最早、规模最大的细菌部队，位于哈尔滨市市郊，是日本侵略者在中国的细菌武器研制中心，是指挥细菌战的大本营。1936年8月，它根据日本天皇亲自批准的陆甲第7号军令正式成立，当时被称为"加茂部队"（又称"石井部队"），由鼓吹细菌战争和研制细菌武器的法西斯分子石井四郎统领。1940年7月，"加茂部队"被正式命名为"关东军防疫给水部"。1941年6月，为强化保密措施，这支部队对外称为"满洲第731部队"，简称"731"部队。

"731"部队下设4个专门进行细菌研究与实验的机构，即基础研究部、实施研究部、防疫给水部和细菌制造部。在本部之外还设有林口支队、孙吴支队、海拉尔

"731" 部队做实验用的工具

支队和牡丹江支队。大连市内的"满铁卫生研究所"也受该部队管辖。它与设在长春的以军马防疫为名的"满洲第100部队"一起，构成了关东军中细菌战研究与实战的完整体系，长期进行着最野蛮、最残忍的细菌战实验。据原"731"部队生产部部长，后来兼任总务部部长的川岛清在伯力军事法庭供认，仅该部每月即可生产300千克鼠疫菌，500 ~ 600千克炭疽菌，800 ~ 900千克的伤寒、副伤寒、赤痢菌，以及1 000千克的霍乱菌。

"731"部队最令人发指的暴行是进行活体实验。起初他们的主要目的是为了检验和改进细菌武器的效力，后来扩大到进行各种杀人方法的实验研究、医学性研究。其对象就是中、苏、朝等国抗日志士及一般平民。日军把活生生的被试验者进行解剖、强行灌菌，在女人身上搞梅毒传染试验，在零下三四十摄氏度的严寒里搞冻伤试验。他们还把人关进密封室里进行毒气或气压试验，把人挂在吊环上进行倒挂试验，把人投进干燥箱里进行耐热试验。此外，日军还进行人血马血互换试验、接肢试验、枪弹穿透试验、注入空气试验、断水与断食试验等，手段非常残忍。实验结束后，就把被试验者秘密送到焚尸炉灭迹。从 1940 年到 1945 年 8 月间，死于日军细菌试验的中国人、苏联人和朝鲜人等，至少有 3 000 人。

日本军国主义者为了侵略战争的需要，不仅成系统、大规模地用活人进行实验，研制鼠疫、伤寒、霍乱等细菌武器，还在侵略中国的战争中大量使用细菌武器，进行细菌战。"731"部队就是其中的罪魁祸首，它曾与分布在华北、华中、华南的其他日军细菌部队一起，多次实施惨无人道的细菌作战，造成中国军民大量伤亡。比如 1940 年 7 月，石井四郎曾亲自率领一支细菌部队"远征"华中地区，携带了 70 千克伤寒菌、50 千克霍乱菌和 5 000 克染有鼠疫菌的跳蚤，对浙江的宁波、金华等地区进行细菌战，其中多数都是通过投撒器从飞机上被散布到河流、湖泊等水源地和居民区中。

第三章

正面对抗

扫码体验

VR融媒党史云课堂
党史学习就在我身边

1. 平津作战

在抗日民族统一战线的旗帜下，以国民党军队为主体的正面战场，组织了一系列大规模的战役战斗，特别是在战略防御阶段，以"卢沟桥抗战"为起点的平津作战，以及淞沪、太原、徐州、武汉等大会战，沉重打击了日军"速战速决"的侵略图谋。爱国将士浴血疆场，谱写了一曲曲中华民族的正气之歌。

卢沟桥位于北平西南宛平地区，横跨永定河，是进出北平的咽喉。南京国民政府为扼守这一军事要地，以国民党军队第 29 军第 37 师第 110 旅第 219 团第 3 营部署于宛平城和卢沟桥一带。营长金振中要求全营官兵以"宁为战死鬼，不做亡国奴"的口号自勉，顽强守土御敌。

1937 年 7 月 8 日早晨 5 时 30 分，"卢沟桥事变"发生后，驻守宛平城的部队奋起自卫还击，揭开中国人民抗日战争转入全国性抗战新时期的序幕。战斗打响后，双方互不相让，争夺得十分激烈。营长金振中带伤指挥战斗，挫败了日军首次进攻。中午，日军 400 余人从北平赶来增援，在 6 辆装甲车和猛烈炮火的掩护下，日军再次攻城，仍未得手。傍晚 6 时 30 分，日军第 3 次向宛平城发起进攻。第 4 混成旅旅团长河边正三亲自督战，攻占了龙王庙阵地。但经过一天一夜激战，第 29 军官兵不但挫败了日军迅速占领宛平城的企图，而且夺回了一

第 29 军官兵在卢沟桥抗击日军进攻

度被日军占领的卢沟桥铁路桥和龙王庙。7月20日，随着日本国内援军先后到达集结地，日军才基本完成对北平、天津的包围。

7月26日、27日，日军挑起"廊坊事件"和"广安门事件"。自28日开始，日军中国驻屯军在飞机、大炮火力支援下，决定对第29军发起总攻。第29军官兵再次于北平南苑和天津抗击日军，再度以铁血精神谱就抗战壮歌。

在南苑战斗中，中国守军伤亡2 000人以上，副军长佟麟阁不幸牺牲，第132师师长赵登禹在指挥部队后撤时，也壮烈殉国。在天津，第38师副师长兼公安局长李文田指挥第38师第26旅、师部手枪团和天津保安队等，分别向海光寺、天津各车站和东局子机场等处日军发起进攻，烧毁日机10余架，并一度夺回了天津的火车总站和东站。

不过，因为冀察当局的妥协，平津前线事先又没有构筑足够、有效的防御工事，中国守军仓促组织进攻，以致在激烈的战斗中，被包围在狭小的营区内，仅凭围

人物故事

首位抗战殉国高级将领——佟麟阁

佟麟阁，抗日名将，河北高阳人。20 岁时投笔从戎，入伍冯玉祥麾下，转战南北，屡立战功。1933 年初，日军攻占山海关时，任张家口警备司令，奉命在后方积极备战，维持局势，保障前线供给。5 月，冯玉祥在张家口组织察哈尔民众抗日同盟军，佟麟阁任同盟军第 1 军军长兼代察哈尔省主席。1937 年 7 月 28 日，日军向北平发动总攻击，进犯南苑。时任国民党军队第 29 军副军长的佟麟阁与第 132 师师长赵登禹，指挥官兵，死守南苑。战斗中，佟麟阁被敌人机枪射中腿部，带伤率部激战，与日军从拂晓战至中午，头部又受到重伤，因流血过多壮烈殉国，时年 45 岁。毛泽东曾高度评价佟麟阁："给了全中国人以崇高伟大的模范。"

墙作掩护，很难抵御日军的空中轰炸与地面炮火，形势越来越被动。29 日，日军侵占北平。30 日，天津失守。

在第 29 军官兵英勇抗敌期间，受其爱国精神鼓舞，在中国共产党的号召与组织下，北平以及全国各界爱国民众、海外侨胞迅速形成了支援第 29 军抗战的热潮。北平城内、长辛店、宛平等地区的工人、农民及各界人士捐款捐物，冒着炮火硝烟为部队送饭，送弹药，修工事，救护伤员。全国各地发来声援电、慰问信，送来慰问品，华北战场呈现出一派军民共同抗战的动人场面。

2. 淞沪会战

1937 年 8 月 13 日，"八一三事变"爆发，淞沪会战开始。紧随南京国民政府发表的自卫抗战声明书之后，20 日，南京国民政府军事委员会将江苏省南部和浙江省划为第三战区，任命冯玉祥为司令长官，顾祝同为副司令长官，并任命陈诚为第三战区前敌总司令，决定扫荡上海日军，驱逐沿江、沿海登陆的日军，保卫首都南京和中国当时最大的工商业城市上海。

在这场声势浩大的防御作战中，中国守军在淞沪地区的杨树浦港、罗店、狮子林炮台、宝山蕰藻浜、大场、四行仓库等地与日军反复争夺，战斗极为惨烈。国民党军队第 88 师第 264 旅旅长黄梅兴、第 98 师第 583 团第 3 营营长姚子青等壮烈牺牲。第 88 师第 524 团 1 营（实际 400 余人。为迷惑敌人，对外仍用团的番号，称有 800 人），在团附谢晋元、营长杨瑞符的指挥下，孤军坚守苏州河北岸四行仓库，血战 4 昼夜，歼敌 200 余人，被誉为"八百壮士"。中国空军、海军也与日军展开了激战。8 月 14 日，中国空军第 4 大队大队长高志航率队长郑少愚、李桂丹 2 组机群共 27 架战斗机，分途拦截袭击杭州和广德机场的日军飞机，击落日军轰炸机 3 架，首创空战胜利的纪录。

后来，这一天被南京国民政府定为空军节。空军飞行员阎海文座机被敌高射炮弹击中后，跳伞降落在日军阵地，举枪击毙包围之敌数人后，以最后一弹自杀，壮烈殉国。江阴区江防司令部派出"102"号快艇，进至日军旗舰"出云"号 300 米处施放 2 枚鱼雷，均命中爆炸，使"出云"号遭受重创。

中国军队虽然伤亡惨重，但斗志高昂，使日军深感焦虑和不安。8 月 31 日，日军上海派遣军司令官松井石

前线官兵向日军射击

根呼吁参谋本部向上海增兵。9月6日，日本海军军令部总长伏见宫博恭亲王，也奏请日本天皇增兵上海。日军不断从国内及中国华北、台湾地区抽调大量部队增援，进行登陆作战，战争规模不断升级。日军先后投入了10余个师团近30万人的兵力，动用军舰130余艘、飞机500余架、坦克300余辆。同期，国民党军队投入战场的总兵力也达70余万人。

10月26日，大场失守，苏州河以北守军腹背受敌，战局急转直下。11月7日，以松井石根为司令官的华中方面军组建完成。9日，日军占领松江城，中国军队开始全线撤退。12日，日军占领上海，淞沪会战宣告结束。

淞沪会战是全国性抗战开始以来持续时间最长、规模最大的一次战略性战役。中国广大官兵同仇敌忾，以劣势装备同优势装备的日军顽强拼搏，以伤亡约 25 万余人的巨大代价，毙伤日军 4 万多人，坚守上海达 3 个月，粉碎了日本军国主义者"速战速决"的美梦，为上海工厂内迁、保存经济实力，以至掩护国家转入战时体制赢得了宝贵时间，极大地鼓舞了全国人民的抗日信心及抗战热情。

历史掌故

四行仓库保卫战

四行仓库创建于 1931 年，即金城、大陆、盐业、中南四家银行的仓库。它位于上海闸北区南部的苏州河北岸，西藏路桥的西北角，光复路 1 号。该仓库是一座钢筋混凝土结构的 6 层大楼，占地 0.3 公顷，建筑面积 2 万平方米，屋宽 64 米，深 54 米，高 25 米。由于先前被当作国民党军队第 88 师师部，因此仓库中贮存了大量食物、救护用品及弹药。1937 年 10 月 27 日下午至 10 月 30 日，谢晋元团附率领数百名士兵抵御日军的进攻，死守四行仓库，掩护第 88 师撤退到上海郊区。此战，10 余名士兵战死，30 余人负伤。毙敌 200 余人，伤敌无数。"八百壮士"英勇作战的事迹轰动中外，声名远扬，鼓舞了全国人民的士气，国际舆论赞之为与日军作战的奇迹。

3. 太原会战

全面侵华战争开始后，日军于 1937 年 8 月中旬开始了以攫取山西为目标的争夺战。山西地处黄土高原，素有"华北锁钥"之称，雁门关以南、娘子关以西是多山地带，居高临下，多为易守难攻的军事重地，是敌我双方必争的战略要地。

9 月，日本华北方面军以板垣征四郎的第 5 师团和东条英机的关东军察哈尔派遣兵团为主力，沿同蒲路南下；以川岸文三郎率领的第 20 师团之一部为东路，由石家庄沿正太线西进；总兵力达 4 个半师团、14 万余人，配备 350 余门大炮、150 辆坦克和 300 余架飞机，分进合击太原。9 月 13 日，日军占领大同。

为保卫山西，中国第二战区司令长官阎锡山集中 6 个集团军，约 28 万余人，打响了太原会战。从 1937 年 9 月 13 日至 11 月 8 日太原陷落，先后组织了平型关战役、忻口战役、娘子关防御战和太原保卫战。10 月 16 日，正在进行中的忻口战役南怀化阵地反击战异常激烈，双方伤亡数千人。在前沿阵地指挥的国民党军队第9军军长郝梦龄、第54师师长刘家麒、独立第5旅旅长郑廷珍等壮烈殉国。11月8日，太原失守后，华北战场以国民党军队为主体的正规战基本结束。

太原会战，历时1个多月，中国军队以损失近10万人的代价，共毙伤日军2万余人。广大官兵英勇顽强，前仆后继，表现出中华民族不屈不挠的爱国热情。尽管由于国民党军事当局在作战指导上有严重失误，例如处处防守，正面堵击，兵力分散，尤其是对娘子关方面的防御重

国民党军队的炮兵阵地

视不够，致使娘子关失守，战役全局陷入被动，但它仍是战略防御阶段华北战场上规模最大、战斗最激烈、持续时间最久、战绩最显著的会战，也是整个抗日战争时期国共两党、两军在战役战斗上配合最好的一次会战。

当日军在平型关、忻口等阵地发起攻击后，八路军第115师、第120师、第129师随即在敌军的两翼及后方广泛展开游击战，断绝日军交通，缴获日军粮秣和军用物资。平型关、雁门关伏击战的胜利，使日军进攻部队与大同、张家口的交通联系一度中断，粮、弹、油料等供应断绝。阳明堡夜袭日军机场，炸毁敌机24架，有力地配合了正面战场。对此，南京国民政府军事委员会特致电嘉奖八路军，表扬八路军在战役战斗中的丰功伟绩，"贵部林师及张旅，屡建奇功，强寇迭遭重创，深堪嘉慰"。

4. 徐州会战

日军攻陷上海后，侵华气焰更为嚣张，继续对南京国民政府首都南京和战略要地徐州发起进攻。中国

台儿庄清真寺是台儿庄战斗双方争夺最激烈的地点之一。图为弹痕累累的台儿庄清真寺墙壁局部

军民誓死御敌，在徐州地区同日军展开了一场大规模的生死较量。

为打通津浦线，使南北日军连成一片，进而攫取中原，攻占武汉，日军先后调集 8 个师团和 3 个旅团、2 个支队约 24 万人，分别由华中派遣军司令官畑俊六和华北方面军司令官寺内寿一指挥，实行南北对进，夹击徐州。南京国民政府军事委员会鉴于徐州关系整个中原战场的安危，决定全力防守徐州，先后调集 64 个师加 3 个旅约 60 万人，由第五战区司令长官李宗仁指挥，在以徐州为中心的津浦路南北的广阔地域上，同日军展开一场大规模会战。

徐州会战开始于1938年1月初的日军第13师团沿津浦路北犯，共分为津浦路南北两段的阻击战、徐州地区作战两个阶段。中国守军在临沂、滕县、台儿庄和徐州等地区顽强抵抗，给日军以沉重打击。中国守军在临沂战斗中以伤亡3 000余人的代价，毙伤日军精锐师团3 000余人，粉碎了日军第5、第10两师团在台儿庄会师的计划。第122师师长王铭章督战死守滕县，毙伤日军2 000余人。第122师以寡敌众，阻敌南下，为大批援军及时赶到战场、痛歼日军第10师团创造了条件，谱写了川军史上最光荣的一页。

台儿庄位于徐州东北30千米处的大运河北岸，坐落在津浦路台枣（庄）支线及台潍（坊）公路交叉点上，是徐州的门户。3月24日，日军濑谷支队在航空火力支援下，向台儿庄猛攻，与中国第2集团军展开激烈争夺战。日军在炮火与坦克的掩护下，猛攻3个昼夜，才冲入庄内。至27日，第2集团军已伤亡过半，驻守台儿庄的指挥官第31师师长池峰城率部与日军展开了肉搏巷战。29日，蒋介石下达死守台儿庄的命令。李宗仁即令第 2 集团军死守阵地，第 20 军团主力向台儿庄机动，协助第 2 集团军夹击台儿庄之敌。4 月 2 日，李宗仁根据战局发展，命令第 20 军团，第 2、第 3 集团军紧密配合，合围歼灭台儿庄地区的日军。3 日，国民党军队发起全线反攻，激战 4 天，歼灭日军濑谷支队大部、坂本支队一部，其余日军残部于 7 日分头向枣庄撤退。

历史掌故

川军出川抗战

　　川军出川抗战，是川军在抗日战争中的重大军事行动。1937 年 7 月全国性抗战开始后，川军立即出川对日作战，先后出动部队约 40 万人，达 12 个军以上。第一期出川部队由第七战区司令长官刘湘率领：有第 22 集团军，辖第 41 军（军长孙震）、第 45 军（军长邓锡侯）、第 47 军（军长李家钰）；第 23 集团军，辖第 21 军（军长唐式遵）、第 23 军（军长潘文华）。1937 年 9 月 1 日至 19 日陆续出川。驻贵州川军第 20 军（军长杨森）、第 43 军（军长郭汝栋）也同时赴上海参加淞沪会战。1938 年 3 月，第 29 集团军总司令王缵绪率第 44 军、第 67 军，同第 30 集团军总司令王陵基率第 72 军、第 78 军出川抗战。1939 年 3 月，第 88 军军长范绍增率部出川抗战。

台儿庄战役，在历时半个多月的激战中，共歼灭日军1万余人，缴获大批武器装备，不仅极大地鼓舞了全国人民抗战必胜的信心，在国内外产生了巨大影响，也使日本侵略者为之胆寒，不得不承认中国守军"决死奋战之状历历在目"，"堑壕中尸山血河，睹其壮烈者亦为之感叹"。

5月15日，为保存有生力量，南京国民政府军事委员会决定放弃徐州。16日，第五战区下达撤退命令。19日，徐州失陷。

徐州会战是继淞沪、太原会战之后中国战场上又一次大会战。此战中，中国军队广大官兵英勇奋战，付出重大牺牲，歼灭了数以万计的日军，为武汉保卫战赢得了准备时间。

5. 武汉会战

武汉地处江汉平原，是平汉、粤汉铁路的交会点，战略地位十分重要。1937年11月，南京国民政府部分机构由南京迁至武汉，更加凸显了武汉的重要战略地位。日本政府的重要智囊团——昭和研究会，在《关于处理中国事变的根本方法》一文中称："为了彻底打败国民政府，使它在名义上、实质上都沦为一个地方政权，必须攻下汉口。""只要国民政府还盘踞在汉口，汉口就是主要以西北各省为其势力范围的共产军和主要控制着西南各省的国民党军之间的结合点，以及两党合作的楔子。""所以，首先为了摧毁抗日战争的最大因素国共合作势力，攻下武汉是绝对必要的。因为占领了汉口，才能切断国共统治区的联系，并可能产生两党的分裂。"

1938 年 5 月底，日军大本营陆军部决定在当年秋季进行武汉作战。他们决定如此重大作战的理由是："从历史上看，只要攻占汉口、广州，就能统治中国。"6 月 15日，日本御前会议正式决定实施攻占武汉的计划，并于 7 月上旬对关内侵华日军进行了较大调整，在华中地区集中了 14 个师团的兵力。直接参加武汉作战的是第 2 集团军和第 11 集团军共 9 个师团、1 个旅团、2 个支队和 2个野战重炮旅团等共 25 万余人，以及海军第 3 舰队、航空兵团等，共有各型舰艇约 120 艘，各型飞机约 300 架。

国民党军队前线官兵用迫击炮袭击日军

　　为适应新的作战形势，南京国民政府军事委员会于1938年6月中旬编成武汉会战中国军队作战序列和部署：由蒋介石任总指挥，新编第九战区由司令长官陈诚指挥，负责长江南岸防务；第五战区由司令长官李宗仁（7月中旬至9月中旬由白崇禧代理）指挥，负责长江北岸防务等。先后参加武汉会战的国民党军队共有14个集团军、47个军、120余个师，作战飞机200余架，舰艇30余艘，总兵力约100万人。

武汉会战期间，蒋介石吸取了淞沪、徐州会战失败的教训，听取了中国共产党方面以及国民党内部许多将领的意见，终于改变了以往死守一城一地的战术，不再计较武汉一地得失，跳出城市防御的桎梏，防御作战被推进到武汉外围的广阔战场，也就是"守武汉而不战于武汉"。中国军队未在武汉城内弹丸之地做困兽之斗，而是在武汉外围的广阔天地运用灵活、果断的作战战术，得以重创日军。中国空军和海军也配合地面部队作战。在苏联航空志愿大队的配合下，中国空军鏖战长空，与日军航空兵空中大战7次，78架日机被击毁，炸沉日舰23艘，有力地支援了地面部队的作战。中国海军击沉、击伤日军舰艇及运输船只共50余艘，击落日机10余架。

就在双方处于胶着对峙状态时，日军大本营迅速抽调3个师团组成第21集团军，走海路奇袭广州。10月11日晚，日军7万多人在广州大亚湾登陆，淡水、惠州、博罗和增城等地相继被攻占，21日已攻到广州近郊。无奈之下，第四战区副司令长官余汉谋被迫下令广州守军撤退，21日下午，广州沦陷。广州一失，粤汉铁路被切断，防守武汉的意义就不大了。于是蒋介石吸取了南京保卫战的教训，主动放弃了武汉。25 日，日军占领汉口，次日武昌被占，27 日汉阳沦陷，武汉会战至此结束。

武汉会战历时 4 个半月，是抗日战争战略防御阶段规模最大的一次战略性战役，毙伤日军近 4 万人，大大消耗了日军的有生力量，打破了日本妄想使中国屈服、早日结束战争的计划，成为抗日战争进入战略相持阶段的重要转折点。

6. 长沙会战

抗日战争进入相持阶段后，日军侵华战略被迫由速决变为持久。在对南京国民政府进行政治诱降的同时，在正面战场，日军也由对国民党防区连续的战略进攻，转为机动的牵制性的有限攻势和旨在切断中国与外界联系的封锁作战。

国民党军队继续坚持持久抗战，相继进行了桂南会战、枣宜会战、三次长沙会战等，大体上保住了西南、西北大后方地区。1939 年 12 月，在桂南会战中，以第 5 军为主力的国民党军队攻克昆仑关，消灭日军 4 000 余人。1940 年 5 月，在枣宜会战中，第 33 集团军总司令张自忠在激战中殉国。三次长沙会战则是发生在 1939 年到 1941 年年底。

1939 年 9 月，欧洲大战爆发，日本想趁机给中国以打击，逼迫中国屈服，便集中侵华日军 6 个师团，加上海军、航空兵团共约 18 万人的兵力，由驻武汉的第 11 军团司令官冈村宁次指挥，于 9 月 18 日发动了对长沙的第一次进攻。其主力在炮兵、坦克兵、航空兵配合下猛攻新墙河北岸中国军队防线，经 5 天苦战，强渡新墙河，而后沿粤汉铁路、湘鄂公路一直向南，长驱直入。26 日，他们渡过汨罗江，于 29 日到达长沙附近的捞刀河地区。这时日军已成强弩之末，疲惫不堪，进攻乏力，而原来隐蔽在两翼的国民党军队，却以逸待劳，取合围之势，向日军逼近。日军发觉不妙，赶紧后撤。中国军队跟踪追击，于 10 月 8 日追过新墙河，日军退回到发起长沙作战的原驻地。

1941年4月，苏日签订中立条约；6月，苏德战争爆发，苏联忙于应付西线战事，减轻了对日本的压力，因此日本又想趁机尽快解决中国问题。经过一番策划，日军于9月中旬发起了第二次长沙作战，扬言要"打到长沙过中秋节"。不过这次日军能够调用的机动兵力更少，东拼西凑，只有不到6个师团约12万人的兵力。9月17日，日军开始进攻，连续突破新墙河、汨罗江国民党军队防线，24日到达捞刀河附近，遭到中国守军第74军顽强阻击。战至27日，日军渡过捞刀河后，直插长沙，部分日军甚至前进到株洲。但由于日军兵力单薄，补给困难，后路有被切断的危险，既不敢恋战，也不敢久留，于10月1日开始后撤。国民党军队层层拦截，日军在飞机掩护下且战且退，8日退回岳阳。

同年12月8日，日本发动太平洋战争，同时进攻中国香港地区及东南亚。为牵制中国军队，不使中国军队从湖南、江西向南调动，威胁广州、香港，日军又发起第三次长沙作战。中国第九战区发现了日军的企图，及时调整部署，决定采取"火炉战法"：就是在预定战场，

中国军民庆祝第三次长沙会战胜利

集中兵力火力，好比一个火炉，诱使敌人钻进其中，把他们烧死、融化。19日，日军开始进攻，我军在新墙河北岸顽强抗击，激战5天，至24日，日军才强行渡过新墙河。我军将主力有计划地隐蔽配置于两翼山地，只用少部兵力节节抗击，诱敌深入。31日，日军逼近长沙，并于1942年元旦开始进攻城区。这时，担任城区防守任务的第10军坚守防御，寸土必争，双方血战4昼夜。正当日军被吸引到长沙这个"火炉"的时候，隐蔽于两翼山地的第九战区部队，按统一号令插至敌后，对日军构成了反包围，集中对包围圈里的日军发起进攻。日军发

人物故事

张自忠尽忠报国　张自忠，山东临清人。1911 年他在天津法政学校求学时秘密加入同盟会，1914 年投笔从戎，并于 1917年入冯玉祥部，历任营长、团长、旅长、师长。1930 年中原大战后，张自忠所部被蒋介石收编。1931 年后，张自忠曾任第 29 军第 38 师师长、第 59 军军长、第 33 集团军总司令兼第五战区右翼兵团司令等职。徐州会战期间，他奉命率第 59军以一昼夜 180 里的速度及时赶来增援守卫临沂的庞炳勋第 3军团。张自忠与庞炳勋原是宿仇，但他以国家、民族利益为重，摒弃个人恩怨，率部与庞部协力作战。他们经过数天鏖战，令敌军受到重创，完全粉碎了敌军向台儿庄前线增援的战略企图，保证了台儿庄战役的胜利。1940 年 5 月，日军为控制长江水上交通线，调集 15 万精锐部队发起了攻占枣阳、襄阳、宜昌等地的枣宜会战。张自忠本来率部防守襄河以西，

觉上当，马上掉头拼命突围，向北逃窜。我军沿捞刀河、汨罗江、新墙河及两侧山地层层截击、伏击、侧击、尾击，给日军以很大杀伤（日军战史自己承认伤亡 6 000多人），打得日军十分狼狈。直到 1 月 15 日，日军才在飞机掩护下退到新墙河以北，缩回岳阳。

人物故事

当日军攻破第五战区第一道防线，直扑襄阳、枣阳时，身为集团军总司令的他，毅然率领预备 74 师和军部特务营在南瓜店附近顽强抗击日军，彻底粉碎了日军进攻襄樊、威胁老河口的企图，使整个战局转危为安。但在日军重兵合围之下，他身中 7 弹。弥留之际，张自忠将军留下最后一句话："我力战而死，自问对国家、对民族、对长官可告无愧，良心平安！"张自忠壮烈殉国后，重庆成千上万的人哭拜英灵，为其送葬。他的部下悲愤地唱着复仇之歌："海可枯，石可烂，死也忘不了南瓜店！"延安各界也隆重为其举行追悼大会，毛泽东亲笔题写"尽忠报国"挽联。

三次长沙会战，中国方面当时称为"三次长沙大捷"，尤其是第三次，积极主动，部署得当，打得较好。日军在总结这次失败的教训时也承认："重庆军当时节节退避，我军完全跳入重庆军事先设置的陷阱，错误重重，作战始终是在极为困难的情况下进行的。"

第四章

敌后作战

VR融媒党史云课堂
党史学习就在我身边

1. 开辟敌后根据地

　　中国共产党在提出全民族抗日主张后，又及时提出了持久战战略总方针和一整套作战原则，深刻地影响了抗日战争的发展走势及最终结果。与此同时，中国共产党领导的八路军、新四军等人民抗日武装，依托人民，克服万难，在日军后方展开广泛的抗日游击战争，创建抗日根据地，开辟了广阔的敌后战场。

　　1937年10月下旬，平型关战役后，第115师副师长聂荣臻率独立团、骑兵营和八路军总部特务团一部等，共约3 000人，以五台山为中心，开辟晋、察、冀三省边界地区抗日根据地。1938 年 1 月，晋察冀边区军政民代表大会在阜平召开，民主选举产生了抗日民主政权——边区临时行动委员会。它标志着八路军开辟的第一块敌后抗日根据地的形成。它是共产党在华北敌后创建的最早的根据地，曾被毛泽东誉为敌后模范抗日根据地及统一战线模范区。

八路军、新四军和华南人民抗日游击队在后来长达 8 年的全面对日抗战中，共作战 12.5 万余次，歼灭日、伪军 171.4 万余人（其中歼灭日军 52.7 万余人），缴获长短枪 69 万余支、轻重机枪 1.1 万多挺、各种火炮 1 800 门。至抗战结束时，中国共产党共建立起陕甘宁、晋绥、晋察冀、冀热辽、晋冀豫、冀鲁豫、山东、河南、淮北、淮南、苏北、苏中、苏南、鄂豫皖、湘鄂赣、皖中、浙东、广东、琼崖 19 块抗日根据地。

这些抗日根据地不仅是消灭日本法西斯的战略基地，也为新民主主义革命的胜利奠定了坚实的基础。在广泛建立抗日根据地的同时，中国共产党也十分重视根据地的建设，实行了一整套方针政策，特别是进行了新民主

毛泽东在抗日战争期间的延安窑洞撰写《论持久战》

主义的政治、经济和文化建设。在各抗日根据地，他们
贯彻各项社会改革政策，建立"三三制"政权，实现了
中国社会史无前例的政治民主；开展"减租减息"，改革
农村社会的生产关系，提高了广大群众参加抗战和生产
的积极性；实行精兵简政和开展大生产运动，减轻了人
民群众的负担，密切了党政军民关系；实行围绕抗日展
开的文化和教育政策，丰富了军民政治和文化生活，激
励和鼓舞了人民群众的抗日热情。

事实真相

《论持久战》的发表　全国性抗战开始后，日军大举进攻，北平、天津相继失陷，华北危急，以汪精卫为代表的亲日派宣扬"再战必亡"的"亡国论"，许多民众开始产生悲观失望的情绪。与此同时，国民党内有些人幻想依靠外援迅速取胜，"速胜论"的论调在社会上也有一定的市场。为澄清这些错误观点，指明抗日战争的基本走势，1938 年 5、6 月间，毛泽东发表了《论持久战》，明确指出，在这场战争中，中日双方存在着互相矛盾的四个基本特点："敌强我弱，敌退步我进步，敌小我大，敌失道寡助我得道多助。"这场战争的性质决定了最后的胜利必然属于中国，"亡国论"毫无依据，但战争初期敌强我弱的形势也决定了"速胜"是不可能的。同时，毛泽东以非凡的洞察力预测到，抗日战争的发展进程将经过战略防御、战略相持、战略反攻 3 个阶段，其中战略相持阶段是中国人民抗日战争取得最后胜利的"枢纽"。

2. 平型关大捷

平型关位于山西繁峙、灵丘两县交界处，北连恒山余脉，南接五台山山脉，中间一条峡谷山路，东通冀北，西接雁门关，是明代所修的山西内长城的重要关隘之一。平型关大捷，就是太原会战期间，八路军为配合国民党友军，首次集中较大兵力对日军进行的一次成功的伏击战。

1937 年 9 月中旬，由平绥铁路东段向西南进攻的日军华北方面军第 5 师团（师团长为板垣征四郎），在由大同向南进攻的关东军察哈尔派遣兵团主力的配合下，迅速向内长城一线逼近，企图突破平型关要隘，歼灭中国第二战区部队，从右翼配合日军华北方面军主力沿平汉铁路的作战。面对日军的咄咄进逼，第二战区司令长官阎锡山决定在平型关、雁门关、神池等内长城一线组织防御，阻止日军进入山西腹地，并集中兵力歼灭平型关之敌。为配合友军作战，八路军总部按照中共中央军委指示，命令第 120 师从西面驰援雁门关，第 115 师进至平型关以西的大营镇待机，准备侧击进犯平型关的日军。

八路军第 115 师赶到大营镇后，立即侦察平型关方向的敌情、地形，得知日军第 5 师团正在由浑源、灵丘、涞源分三路向西进攻，各路相距较远，兵力分散，进攻平型关方向的日军约 1 个旅团。9 月 23 日，第 115 师在

人物故事

聂荣臻 聂荣臻，四川江津（今重庆江津市）人。1919 年他赴法国勤工俭学，1923 年加入中国共产党，1925 年回国后任黄埔军校政治教官，1927 年参与领导广州起义。抗日战争时期，聂荣臻任八路军第 115 师副师长、政治委员，参与指挥平型关战役；解放战争时期，任华北军区司令员，参与指挥平津战役。中华人民共和国成立后，他任人民革命军事委员会副主席，1955 年被授予元帅军衔，1956 年任国务院副总理，从事国防科技的领导工作。1992 年聂荣臻逝世。在 86 岁高龄时他写下《忆平型关大捷》："集思上寨运良筹，敢举烽烟解国忧。潇潇夜雨洗兵马，殷殷热血固金瓯。东渡黄河第一战，威扫敌倭青史流。常抚皓首忆旧事，夜眺燕北几度秋！"

上寨召开连以上干部会议，进行战前动员。当夜，师部主力进至平型关东南 15 千米的冉庄地区。24 日，师长林彪和副师长聂荣臻组织干部经过现场勘察后，确定在平型关东北关沟经乔沟至东河南镇长约 13 千米的公路旁采取一翼伏击的战术，将由灵丘向平型关进攻的日军歼

平型关战役中八路军第 115 师的机枪阵地

灭于峡谷之中。

25 日拂晓，日军第 5 师团第 21 旅主力和师团辎重等部队，恃强自傲，沉湎于"皇军不可战胜"的神话，沿灵丘至平型关公路由东向西开进。

7 时许，日军全部进入第 115 师的预伏地域。第 115 师抓住战机，全线突然开火。第 685 团迎头截击，封闭日军南窜之路。第 687 团在蔡家峪和西沟村之间，分割包围了日军尾部，并抢占韩家湾北侧高地，切断了日军退路。第 686 团于小寨至老爷庙之间的乔沟，实施突击，把日军压缩在峡谷之中。日军惊慌之下，四处逃散，乱作一团，汽车相撞，马车互轧。在狭沟里，两军枪托飞舞，刀光闪闪。经过近一天的激战，八路军终于将这支日军干净彻底地歼灭。接着，八路军第 115 师主力又连续作战，向日军的前线阵地东跑池发动进攻，与敌人激战一夜。当日军大批部队来援，我军随即撤出战斗，平型关战役胜利结束。

平型关大捷是全国抗战以来中国军队主动歼敌的第一个大胜利。八路军第 115 师以伤亡 600 余人的代价，共歼灭日军 1 000 余人，击毁汽车 100 余辆、马车 200余辆，缴获步枪 1 000 余支、机枪 20 余挺、火炮 1 门以及大批军用物资。它粉碎了日本"皇军不可战胜"的神话，极大鼓舞了中国军民的抗战士气。

3. 韦岗战斗

1938 年新四军完成改编后，各部根据中共中央确定的方针和指示，"积小胜为大胜，团结群众以游击动作进行胜利的战斗，并力求达到自身的壮大和战斗力量的坚强而能进一步进行大的运动战歼灭大的敌人"，开始向华中敌后挺进，实行战略展开，开展抗日游击战争，创建抗日根据地，开辟华中敌后战场。

1938 年春天，新四军各支队分别从安徽南部歙县岩

人物故事

粟裕　粟裕，湖南会同人。他1927年加入以叶挺为师长的国民革命军第24师，担任教导队班长，并于同年6月加入中国共产党，8月参加南昌起义，主力红军北上后，在与中共中央失去联系的情况下，克服重重困难，率部在浙南地区坚持游击战争。抗日战争时期，粟裕先后出任新四军第二支队副司令员、先遣支队司令员，新四军江南指挥部、苏北指挥部副指挥，新四军第一师师长（后兼政治委员），苏中军区、苏浙军区司令员兼政治委员等职。解放战争时期，其先后担任华中军区副司令员，华中野战军司令员，华东野战军副司令员、代司令员，第三野战军副司令员，华东军政委员会副主席等职。1946年他同谭震林一起参与指挥苏中战役，七战七捷，后又参与指挥济南、淮海、渡江等重大战役。中华人民共和国成立后，粟裕先后任人民解放军副总参谋长、总参谋长，国防部副部长，军事科学院副院长，第一政治委员，中共中央军委常务委员。1955年，他被授予大将军衔，位列中国人民解放军十大将之首。1984年粟裕因病去世。

寺镇、西部霍山县流波疃出发，开赴抗日前线。5月12日，江北新四军第四支队在蒋家河口首战日军，打响了新四军抗日第一枪。江北新四军初战告捷不久，江南的新四军也打了一个胜仗——韦岗伏击战。

苏南地区位于京、沪、杭之间，战略地位十分重要。该地区沦陷后，汉奸、土匪活动猖獗，人民处于水深火热之中。为开展苏南敌后抗战，钳制向华中内地进犯之敌人，配合国民党军队在正面战场作战，根据中共中央和毛泽东的指示，新四军决定从第一、第二、第三支队抽调部分干部和侦察分队共 400 余人，组成先遣支队，由粟裕率领，深入苏南敌后进行战略侦察，积极开展游击战争。1938 年 4 月 28 日，先遣支队由岩寺的潜口出发，越过宣（城）芜（湖）铁路日军封锁线，于 5 月中旬进入苏南镇江地区。

经过侦察，先遣支队发现镇江到句容的日军汽车往来频繁，于是决定在镇江西南的韦岗打一场伏击战。

6 月 17 日 8 时许，日军 30 余人乘 5 辆汽车由镇江向南行驶，进入伏击地区后，预伏部队突然发起攻击，日军仓皇应战，有的跳入水沟，有的钻进车底，有的窜入公路边的草丛里。先遣支队指战员奋勇冲杀，展开白刃格斗，经半小时激战，毙伤日军土井少佐、梅泽武四郎大尉等 20 余人，击毁汽车 4 辆，缴获长短枪 20 余支和部分军用品。

韦岗战斗的胜利意义重大，它奠定了新四军进入长江以南地区的基础，鼓舞了苏南军民的抗日斗志，成为苏南抗日游击战的良好开端。

陈毅曾赋诗祝贺："弯弓射日到江南，终夜喧呼敌胆寒。镇江城下初遭遇，脱手斩得小楼兰。"蒋介石亦致电叶挺："所属粟部袭击韦岗，斩获颇多，殊堪嘉尚。"

新四军在韦岗战斗中缴获的部分战利品

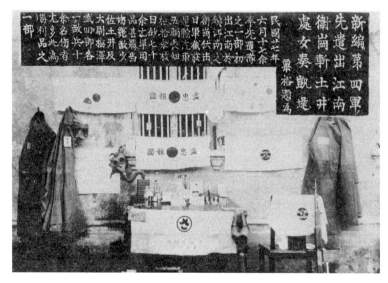

4. 八女投江

作为全国最早开展武装抵御日军的东北地区军民，经过 6 年艰苦曲折的斗争，终于迎来了全国抗战的新局面。在中国共产党领导下，已经成为东北抗日游击战争主要力量的东北抗日联军，以打击和钳制日军，配合全国抗战为己任，在南起长白山，北至小兴安岭，东起乌苏里江，西至辽河的广大地区，展开了更加猛烈的抗日游击战争。

1938 年春天，在敌人疯狂"围剿"抗日联军的艰苦日子里，抗日联军第二路军为开辟新的游击区，开始向哈东老区西征。10 月上旬，第五军第一师经过长途行军后，抵达牡丹江下游支流乌斯浑河畔的柞木岗下。为驱散寒气，部队在柳条丛中燃起了数堆篝火。不料，浓烟暴露了目标，日伪军纠集了 1 000 多人，连夜对第一师指战员形成包围，只待拂晓大举进攻。第二天天明，就在部队准备涉渡乌斯浑河时，日军进攻的枪声响起。

东北的大小河流，两岸几乎没有例外的全都是柳树丛。战斗打响后，妇女团冷云等8名女战士完全可以急速躲进柳树丛里，隐蔽不动，等到敌人追击战友远去后，在柳树丛中或逆流而上，或顺流而下，然后择机进入山林，这样就有生存的机会。但是，为掩护主力撤退，她们宁愿选择牺牲自己。在冷云的率领下，8人分成3个战斗小组，一齐向日伪军开火。8支长短枪，有的还没有子弹，这样的火力，很难说能对主力的撤离起多大掩护作用，也坚持不了多长时间，但却成功地牵制、吸引了敌人的部分兵力。

日伪军一方面以密集的火力控制住山口，阻止抗联主力部队回援，一方面加强兵力，向冷云等据守的河岸扑来，企图活捉她们。在背水作战且弹尽援绝的情况下，8位女英雄誓死不屈。她们毁掉枪支，高唱着《国际歌》，挽臂迈向波涛滚滚的乌斯浑河，集体沉江，壮烈殉国。牺牲时，她们当中年龄最大的23岁，最小的才13岁。这8位女英雄是：指导员冷云、班长杨贵珍、胡秀芝、战士郭桂琴、黄桂清、王惠民、李凤善，以及原

国画《八女投江》，王盛烈 1957 年作

第四军被服厂厂长安顺福。

八女投江的悲烈壮举，很快在群众中流传开来，经久不衰。1986 年 9 月 7 日，为弘扬八女投江的伟大精神，牡丹江市举行了"八女投江纪念碑"奠基典礼。时任全国政协副主席、全国妇联主席的康克清在奠基典礼上挥笔题词："八女英灵，永垂不朽！"

5. 东江纵队大营救

开展华南地区的抗日游击战争，是中共中央六届六中全会确定的又一项战略任务。1939 年 1 月，中共广东省委召开会议，决定了在华南地区开展工作的基本方针和任务，并把工作重点放在东江、琼崖地区。1940 年 9 月，以曾生、林平、王作尧等为领导的广东人民抗日游击队组建完成。1943 年 12 月，这支部队被改编为广东人民抗日游击队东江纵队，简称东江纵队。

在东江纵队的辉煌革命史中，最值得称道的就是"营救传奇"。这段传奇始自 1941 年年底。当年 12 月 25 日，由于香港突然陷落，原本在那里从事抗日救亡活动的许多著名爱国民主人士和文化界名人都来不及转移，随时有遭遇不测的可能。主持中共中央南方局工作的周恩来十分焦急，马上给八路军驻香港办事处负责人廖承志发电报，要求他迅速设法把这些人营救出来。廖承志受命后，经与中共广东省委商量，最终把营救任务交给了东江纵队。

东江纵队接受任务后，通过地下党组织，很快与在香港的著名民主人士和文化人士取得了联系，并商定营救计划，拟定了走水路和走山路两条路线，转移目的地则设在坪山和阳台山根据地。

1942 年 1 月 5 日，日军占领香港不过 10 天，营救行动就开始了。在日军的严密控制下，大规模的营救出逃是不可能的，只能分散隐蔽地进行。为了不引人注目，这些著名人士分批化装成难民，悄悄溜出香港市区，由东江纵队护送，乘夜晚登船，偷渡过海。他们先到游击队交通

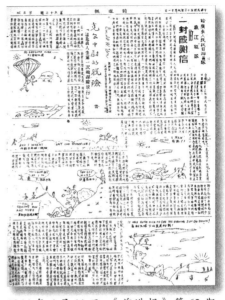

1944 年 6 月 11 日，《前进报》第 62 期第 5 版刊登的港九大队营救克尔中尉的消息，并附有克尔的感谢信及自绘的描绘其脱险经过的漫画

站，由游击队掩护通过日军封锁线，到达根据地后，再转道去大后方。在大约半年的时间里，经过周密安排，克服重重艰险，东江纵队共安全营救出何香凝、柳亚子、茅盾、夏衍、邹韬奋等文化界和爱国民主人士及其家属800 余人。

与此同时，东江纵队还多次出色地完成营救盟军和国际友人的任务。日军占领香港后，英军战俘、港英政

事实真相

克尔中尉给东江纵队的感谢信

全体在东江和港九地区的中国游击队：我是美国飞行员克尔中尉，在二月十一日到二十六日，我曾经被你们勇士从日本人手中安全而且舒服地隐蔽起来，然后又坐了你们的船到了敌人统治以外的地点。从许多配备森严的日本人底（的）极勤密的搜索下，我被你们战士抢救出来，因此使我能够很快就回到桂林，继续我自己在中国的小小工作。在我的飞机被敌人子弹打中起火，我用降落伞落到地面以后的几天里，我认为我的情况是几乎绝望了，但是当我得到了你们的救护，而日子平安地度过了之后我逐渐感觉到莫大的安全，看到你们伟大的组织底（的）力量，机敏周密、毅力和勇敢，我愈加惊奇了！虽然每个美国人都听到你们和你们的工作，可是因为大部分不能公开，我们是不知道它的伟大程度和能力的。

府的官员、英国侨民以及印度籍官兵等被囚禁于香港各地的集中营里。东江纵队为解救盟军被俘人员，一边在九龙地区和海上开展游击战争，分散日军兵力，同时派遣队员潜入市区，帮助和接应他们逃出集中营。1942年2—10月，东江纵队从日军战俘营中共救出英国人

事实真相

我曾亲自见过你们中的一些人，也曾表示了我的敬意和佩服，可是我还不知道你们的人，还有许多许多是我所见不到的。他们为保护我的安全在极大的危险与困苦中工作着，因为我不能够亲自见到你们每一个人，我只有用这个办法来感谢你们，救了我的性命，使我能够继续我的工作。我希望你们中的每一个人，男的、女的、小鬼，都把它当作我个人给你们的坦白真诚的一封信。中国的抗战已得到了全世界的赞许，我们美国人也因能够和你们像兄弟似的一起战斗而骄傲，我们将永久地，无论在和平中或者在战争中都和你们同志一般地站在一起！

敦纳尔·W.克尔　美国航空队一级中尉

（现任中美联合空军飞行指挥兼教官）

一九四四年三月八日

20名、印度人54名、丹麦人3名、挪威人2名、苏联人1名、菲律宾人1名。在东江纵队营救的多名美国空军飞行员中，有一名克尔中尉在九龙受了伤，被东江纵队港九大队的一名小交通员和一名女队员救护，并隐藏在九龙山区的一个山洞里。日军出动上千人进行严密搜索，搜了半个月却始终没有发现他们。后来，这位飞行员经过治愈，被送回驻桂林的美国空军第14航空队。克尔在那里给东江纵队写了一封感谢信，信中说："中国的抗战已得到了全世界的赞许，我们美国人也因能够和你们像兄弟似的一起战斗而骄傲，我们将永久地，无论在和平中或者在战争中都和你们同志一般地站在一起！"

东江纵队大营救，可以称得上是当年战争期间的一个奇迹，不仅轰动全国，而且赢得了盟军的高度赞扬。有2名英军士兵对我方营救人员的英勇、机智和友好，非常钦佩，甚至表示愿意参加东江纵队，和中国朋友并肩战斗。茅盾称赞那场文化名人大营救为"抗战以来最伟大的抢救工作"。国内各界名流纷纷感叹，如果没有中国共产党领导的抗日游击队，那么中国整个的文学史、艺术史都将被改写。

6. 百团大战

1940年夏，德军在欧洲战场取得暂时胜利，促使日本更加急切地要征服中国，以便与纳粹德国平起平坐。日本一方面对国民党施加军事压力，加紧政治诱降，一方面向八路军发动疯狂进攻。为粉碎日军对华北八路军的全面进攻，克服国民党投降的危险，争取华北战局向更有利的方向发展，八路军总部决定将旨在打破日军"囚笼政策"的大规模攻势作战立即付诸实施。

8月20日，八路军大举破袭正太铁路的战斗打响。随着战役的展开，八路军参战兵力达到105个团约20余万人，故称"百团大战"。百团大战是八路军在华北敌后战场发动的最大的一次进攻战役。战役首先从正太铁路发起，尔后迅速扩展到除山东以外的整个华北地区和主要交通线。

百团大战经历了两个主动进攻阶段和一个反"扫荡"阶段。8月20日至9月10日进行的交通总破袭战，目的是破坏日军在华北所占领的主要交通线，重点为正太铁路。9月20日至10月5日，继续袭击交通线两侧的敌人和摧毁深入根据地内的敌据点，并发动涞（源）灵（丘）、榆（社）辽（县）等战役。10月6日至12月5日

八路军《百团大战战役部署略图》

是反"扫荡"作战阶段。从10月6日起，日军调集重兵，对华北各抗日根据地进行疯狂的"扫荡"。19日，八路军总部下达命令，华北根据地军民转入反"扫荡"作战。各根据地军民不顾连续作战的疲劳，坚决地投入战斗，以灵活多变的战术，广泛开展游击战争。经过3个多月的艰苦奋战，这次百团大战终于取得了反击敌人报复性"扫荡"的胜利。12月5日，日军被迫撤出太岳区。

据八路军总部1940年12月10日的统计，百团大战共进行大小战斗1 824次，毙伤日军20 645人、伪军5 155人；俘虏日军281人、伪军18 407人；日军自动投诚者 47 人，伪军反正 1 845 人；缴获枪支 5 942 支（挺）、各种火炮 53 门、骡马 1 510 匹；摧毁敌人据点 2 993 个；破坏铁路 474 千米、公路 1 502 千米、车站 37 个、桥梁 213 座、隧道 11 个、铁轨 21.7 万余根、枕木 154.9 万余根、电线杆 10.9 万余根；破坏煤矿 5 个、仓库 11 所。

为了抗战，为了祖国的尊严，八路军众多将士为国捐躯，战死沙场，共伤亡 1.7 万余人。但是，百团大战打出了中国共产党领导的敌后抗日军民的声威。它使全国人民看到八路军在极为困难的条件下，不仅发展壮大起来，而且能够给敌人以强有力的打击，振奋了全国军民争取抗战胜利的信心。这次战役也以事实验斥了国民党顽固派对八路军"游而不击"的诬蔑。从战争全局看，这次战役还牵制了日军的兵力，推迟了日军南进的时间，对支持国民党军队的正面战场作战，遏制妥协投降暗流，对争取时局好转也发挥了积极作用。

第五章

国际援助

1. 苏联空军志愿队

眼扫码体验

VR融媒党史云课堂
党史学习就在我身边

先哲有言，"得道多助，失道寡助"。中国人民抗日战争是正义性的战争，所以它得到了全球所有爱好和平与正义的国家和人民、国际组织及各种反法西斯力量的同情与支持。侨居异国他乡的海外侨胞也一致奋起，捐钱捐物，甚至不惜以鲜血和生命支援祖国的抗日战争。

苏联是最早支持中国的国家，它从道义上谴责日本的战争罪行，同时以物资和人力等支援中国。据苏联学者统计，从 1937 年 9 月到 1941 年 6 月苏德战争爆发，苏联向中国提供的军火包括：飞机 904 架（其中轰炸机

318 架）、坦克 82 辆、牵引车 602 辆、汽车 1 516 辆、大
炮 1 140 门、轻重机枪 9 720 挺、步枪 5 万支、子弹约
1.8 亿发、炸弹 3.16 万颗、炮弹约 200 万发，以及其他
军事物资。

　　苏联还派遣了大批军事顾问、技术专家到中国。先
后担任中国政府军事总顾问的苏联将领有德拉季文、切
列潘诺夫、卡恰诺夫和崔可夫。

　　抗日战争初期，年轻的中国空军还处于初创阶段，
虽然在战斗中涌现出一大批优秀爱国官兵，但就整体实
力而言，无论是航空设备还是飞行技术，都处于非常落
后的地位。中国亟须加强空中作战力量。

　　卢沟桥事变时，中国空军共有 296 架飞机。经过

苏联空军志愿队在武汉机场

人物故事

苏联勇士库里申科 格里戈里·库里申科，苏联空军飞行大队长，1903年出生于乌克兰。1939年，他和考兹洛夫受苏联政府派遣，率2个"达沙式"轰炸机大队来华，援助中国人民的抗日战争。他常常对朋友们说："我像体验自己祖国灾难一样体验中国人民的灾难，当我看到日寇狂轰滥炸中国的土地时，我非常地愤怒和难过。"他以朴素、坚实、谦逊、热情、友好和对工作认真的态度，赢得了中国飞行员的尊敬和赞誉。他不知疲倦地向中国飞行员讲解飞机性能、特点，并把先进的操作技术和战术，无私地传授给中国飞行员。他对中国飞行员要求严格，上课、训练、飞行一丝不苟，讲解通俗易懂，深入浅出。1939年10月14日下午，库里申科接到作战命令，

2个多月的作战，到10月下旬，中国空军只剩作战飞机81架。战场制空权牢牢掌握在日军手中，日本航空兵部队的前沿机场甚至设到了离前线不足50千米的地方。在中国急需空军作战支援的情况下，苏联同意并迅速向中国派出了空军志愿队。

1937年11月，第一批苏联空军志愿队队员偕战斗机、轰炸机起程来到中国。同年底，苏联制造的数百架

人物故事

出击日军某军事基地。他率队驾机飞临武汉上空时，遭到日军机群拦截。他沉着地指挥机群，对敌机展开攻击，击落 6 架敌机。狡猾的敌人以 3 架战斗机包抄库里申科的指挥机，使他的飞机遭到重创。随后，他以一台发动机，沿着长江向驻地返航。当他的飞机到达万州上空时，机身终于失去平衡，难以控制。为减少损失，他不顾个人安危，寻机迫降，和飞机一起沉入江中，牺牲了年轻的生命。1958 年国庆前夕，周恩来总理对特邀前来参加国庆活动的库里申科的家属说，中国人民永远不会忘记格里戈里·库里申科。

轰炸机、驱逐机运至武汉，志愿队队员也成批到达。

到 1940 年，在中国作战的苏联志愿飞行员已经达 700 多名。苏联空军志愿队在归德、广州、武汉、南海等地，与日军进行过多次空战，并从大陆出发，远征台湾和日本，予敌以重创，打击了日寇的嚣张气焰。仅 1938 年内，苏联空军志愿队便击落日军飞机 100 多架，炸沉日军军舰和运输船 70 多艘，炸毁停在机场的敌机

30 多架。

1938 年春天，日军逐渐向武汉逼近，日军的飞机也不断飞临武汉上空投掷炸弹。中、苏两国空军联合展开了保卫武汉的战斗，谱写了英勇无畏的光辉篇章。

4 月 29 日是日本的"天长节"，即天皇的生日。为庆祝这一节日，日本特派有名的海军航空队——佐世保十二航空队空袭武汉，企图以空袭战果为天皇献礼。志愿队和中国空军联合迎战，与日军展开殊死搏斗，取得击落敌机 21 架的光荣战绩。这次空战极大地打击了日军飞行员的士气，以致日本飞机整整一个月没敢轻易空袭武汉。

苏联空军志愿队队员在作战中英勇顽强，不怕牺牲，前后伤亡多达四五百人。其中重轰炸机大队长库里申科、战斗机大队长拉赫曼诺夫等 200 余人为中国人民的民族解放事业献出了宝贵生命。这种无私奉献的国际主义精神永远值得我们怀念。

苏联空军志愿队的显赫战功受到时人及后人的尊敬和称誉。率领"飞虎队"对日作战的美国将军陈纳德曾说，"我平生见过的最精彩的空战是在南京和汉口上空的日俄之战"，"苏联空军的成绩非常完美"。

2. 美国"飞虎队"

美国尽管一度对日本奉行妥协退让的绥靖政策，但是随着日本全面侵华战争的不断扩大，美日之间的矛盾进一步加剧。特别是太平洋战争爆发以后，美国当即采取了支持中国、联合中国共同抗日的政策，同时逐步加强了对华援助。

美国对中国空军也给予了极大的支援与帮助。全国抗战爆发时，包括陈纳德在内的少数美国退役空军飞行员，受雇于中国政府，在国民党政府的空军学校里协助训练中国空军。陈纳德本人担任了以宋美龄为首的航空委员会顾问。

1941 年 4 月，经陈纳德多方努力，也由于时局的变化，美国总统罗斯福签署命令，鼓励美国退役飞行员以志愿者的身份前往中国，以帮助中国空军对日作战。志

"飞虎队"队员准备出发迎敌

愿队的第一批飞机于4月由纽约港起运，第一批人员于7月10日自旧金山出发，7月底抵达仰光。8月1日，国民政府军事委员会以命令形式宣告美国援华志愿航空队正式成立，简称LVG，陈纳德任指挥官。

志愿航空队下辖3个驱逐机中队，有P-40B和P-40E型飞机125架，空地勤与行政人员264人。队伍因佩戴插翅飞虎的队徽和鲨鱼头型的战机而得到了"飞虎队"的别名。10月，志愿队已初步形成作战力量，随即担负起保卫滇缅公路的运输任务。

自 1941 年 12 月至 1942 年 6 月的 7 个月中，"飞虎队"还参与了缅北、滇西战役和仰光、昆明的空防战斗，击落击毁敌机 250 余架，损失飞机 73 架，牺牲 22 人，被俘 3 人。

1942 年 7 月 4 日，随着太平洋战争的爆发，美国正式对日宣战，美国援华航空志愿队被撤销，其飞机和部分人员正式并入美国陆军第 10 航空队第 23 战斗机大队，受以司令毕塞尔和副司令陈纳德为领导的中缅印战区美国空军司令部的指挥。

1943 年 3 月 10 日，为了把大批抗战急需物资运进中国，美国和中国联合开辟了一条从印度东北部到中国云南昆明的战略物资运输空中航线——"驼峰航线"，第 23 战斗机大队又被编入以陈纳德为司令的第 14 航空队，即由"飞虎队"改组演变的美国第 14 航空队正式成立。

美国空军司令部补发给原美国第 14 航空队（飞虎队）队员彭嘉衡的"优异飞行十字勋章"与"航空奖章"

人物故事

克莱尔·李·陈纳德 克莱尔·李·陈纳德（Claire Lee Chennault），美国空军少将，曾为抗战时期美国援华空军"飞虎队"队长。1893年9月6日，陈纳德出生在美国得克萨斯州，1919年从飞行学校毕业，1923年被派往夏威夷，负责指挥第19战斗机中队。1936年1月，中国空军毛邦初上校邀请他到杭州笕桥的中央航空学校担任飞行教官。1936年6月3日，宋美龄任命他为中国空军顾问，帮助建立中国空军。1937年全国性抗战开始后，正在中国的陈纳德当即表示："如有需要，愿意尽力为中国服务。"1940年他回到美国四处奔走呼吁，很快组成了一支援华外籍空军兵团飞赴昆明。同年12月，他们在仰光空战中取得一天就击落日机30架的辉煌战果。1943年10月，陈纳德被任命为中美空军混合联队指挥。此后，中美战鹰频频出击，轰炸日军机场、战舰和战车，使日军交通枢纽多次陷于瘫痪。在和日军作战的同时，陈纳德又指挥这支联队协助开通了"驼峰航线"，保证了援华抗战物资的运输。1958年7月27日，陈纳德病逝于美国。

"驼峰航线"是世界航空史、军事史上最为艰险的一条运输线，全长 1 100 多千米，横跨喜马拉雅山脉，沿途多为 5 000～7 000 米的高山，山峰起伏连绵，犹如骆驼的峰背，故而得名。据不完全统计，从 1942 年 5 月到 1945 年 8 月，中美飞行员多次驾机飞越"驼峰航线"，向中国运输战略物资 80 多万吨，中美共损失飞机 609 架，牺牲和失踪飞行员达 1 500 多名。

美国志愿队、驻华空军队、"飞虎队"，以及空运部队的许多官兵，为中国人民抗日战争做出了巨大贡献，有的甚至献出了自己的生命，其中包括罗伯·山德尔、麦克格里、尼特尔、曼纳、麦克米伦等。为表彰陈纳德将军的卓越贡献，1945 年 7 月 30 日，蒋介石授予他青天白日勋章，中国战区统帅部参谋长魏德迈也代表美国政府授予他橡叶勋章。

3. 诺尔曼·白求恩

在伟大的中国人民抗日战争中，许多心怀正义，同情中国人民抗战的国际友人伸出了诚挚的友谊之手，在道义上、政治上和物质上给予中国无私的援助，甚至直接参加中国人民的反侵略战争，中国人民对他们永志不忘。他们当中既有社会知名人士、作家、记者，也有医务工作者，为中国抗击日本法西斯的神圣事业做出了重要贡献。其中，加拿大、美国援华医疗队的诺尔曼·白求恩大夫，印度援华医疗队的柯棣华大夫和德国共产党员、记者汉斯·希伯等，都为中国人民的解放事业贡献了宝贵的生命。

白求恩同志是加拿大著名的胸外科专家，1938年1月，受美国和加拿大共产党及援华组织的派遣，他率领包括美国医生帕森斯、加拿大护士琼·尤恩组成的医疗队，带着医疗器材和设备自温哥华起程来到中国。3月底，白求恩和尤恩到达延安，并拜会了毛泽东。4月24日，白求恩和加拿大医生理查德·布朗出发去巡视陕北和晋察冀抗日根据地的医院。7月，他担任晋察冀军区卫生部

白求恩用过的 X 光机

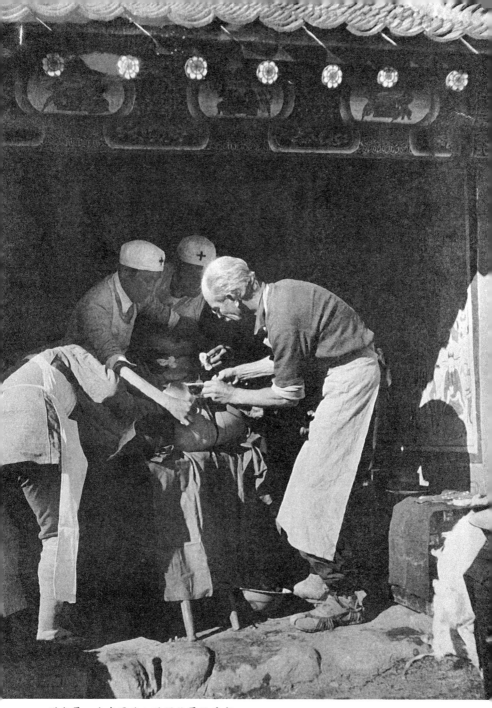

诺尔曼·白求恩为八路军伤员做手术

顾问，利用英国援华会的援助，在松岩口村创建起抗日根据地第一所国际和平医院，并开办了一所附属卫生学校，培养医生和护士。

在河谷村救护站，他6天内医治了120名伤员，做了105例手术。在曲回寺前线，他连续40小时为伤员做了71例手术。白求恩不仅以精湛的医疗技术为中国的抗日军民服务，还亲自设计、制作必要的医疗器材，撰写《游击战中师野战医院的组织和技术》等作为医学教材，并且曾经3次亲自为伤员输血。

1939年10月下旬，白求恩在河北省涞源县摩天岭战斗中抢救伤员时，左手中指不慎被划破一个口子，但他不顾伤痛，继续坚持留在前线指导战地救护工作。因此造成他伤情耽误、恶化，后又转为败血症，经医治无效，于11月12日凌晨在河北唐县黄石口村逝世。得知白求恩同志逝世的噩耗，延安各界群众和八路军全军均举行了沉痛的追悼大会，哀悼白求恩同志。

为纪念白求恩同志，1939年12月21日，毛泽东写了《纪念白求恩》一文，指出："一个外国人，毫无利己

事实真相

白求恩的遗嘱 1939 年 11 月 11 日早晨，在白求恩生命垂危弥留之际，他怀着对中国共产党和中国人民的深厚感情，用颤抖的手给聂荣臻写了一封信。从信中许多省略号可以想到，这封信是在他被病魔折腾得极端痛苦的情况下完成的。在生命的最后时刻，他有太多话要对同志们说，又有太多后事需要同志们帮他去做。然而，他反复说的话则是"我唯一的希望是能够多有贡献"，他需要帮助做的事则全是为着别人的，唯独没有考虑到自己。那些要求聂荣臻司令员转交的东西，可算作是他的全部财产了，除了布朗大夫给他的那枚银戒指稍微贵重外，其余都是他在艰苦的生活环境中的日常用品，包括草鞋、小闹钟和医药书籍。他把毕生精力都献给了科学，献给了人类正义事业。这种鞠躬尽瘁、死而后已，毫不利己、专门利人的精神，永远令人景仰。

的动机，把中国人民的解放事业当作他自己的事业，这是什么精神？这是国际主义的精神，这是共产主义的精神，每一个中国共产党员都要学习这种精神。"白求恩同志毫不利己专门利人的精神，表现在他对工作的极端的负责任，对同志对人民的极端的热忱。""我们大家要学习他毫无自私自利之心的精神。从这点出发，就可以变为大有利于人民的人。一个人能力有大小，但只要有这点精神，就是一个高尚的人，一个纯粹的人，一个有道德的人，一个脱离了低级趣味的人，一个有益于人民的人。"

4. 南侨总会

祖国的神圣抗战，牵动了旅居异国他乡的近 800 万海外侨胞的心。国难当头，他们一致奋起，从财力、物力、人力、舆论上声援祖国人民，甚至亲赴战场，支援祖国的抗日斗争。在以全欧华侨抗日救国联合会、南洋华侨筹赈祖国难民总会（简称南侨总会）、旅美华侨救国会 3 大侨团为代表的 3 940 多个华侨团体的领导和组织下，侨居世界各地的华侨积极开展抗日救国运动，为祖国的抗日事业做出了巨大贡献。

全国性抗战开始后，南洋各地华侨纷纷建立抗日救亡团体，筹款筹物，赈济祖国伤兵难民，"马来亚新加坡华侨筹赈会""缅甸华侨救灾总会""菲律宾华侨援助

陈嘉庚在重庆与欢迎队伍合影

抗敌委员会"　"印尼华侨救济祖国灾民慈善委员会"　"暹罗（泰国）华侨各界抗日救国联合会"等救亡团体相继成立。为了将南洋各地的人力物力集中统一起来支持祖国的抗战，1938年夏，印尼华侨领袖庄西言和菲律宾华侨领袖李清泉，联名写信给华侨领袖陈嘉庚，建议成立南洋华侨抗日救亡的最高组织。陈嘉庚完全赞同庄、李二人的主张，并积极主动地领导了筹组工作。1938年10月10日，来自南洋各地的40多个爱国团体的代表共160多人，齐集新加坡华侨中学，宣布成立南侨总会，陈嘉庚被选为主席。南侨总会号召南洋华侨："各尽所能，各竭所有，自策自鞭，自励自勉，踊跃慷慨，贡献于国家！"

南侨总会的诞生，是南洋华侨历史上的一件大事，它标志着在抗日旗帜下的爱国华侨大团结局面已经形成。

在南侨总会的领导下，南洋抗日救亡团体如雨后春笋般涌现并不断发展壮大。到太平洋战争爆发前夕，这类团体已增至700多个。他们开展了多种多样的抗日救亡活动，其中以募捐成绩最为突出。仅1938年和1939年两年，南侨总会的各地分会便募得1亿4 000多万元，占同期海外华侨捐款总数的70%。从全国抗战爆发到1940年，南洋华侨共捐献棉衣700余万件、夏装30万套、军用蚊帐8万个，另捐冬装款400万元。

此外，在南侨总会领导下，还有许多热血华侨青年，抛弃了海外较为优裕的生活条件，回到战火中的祖国，在抗日战场上英勇抗击日本侵略者。许多印尼华侨青年冲破重重困难，参加抗日队伍，英勇战斗，不惜献出年轻的生命。女英雄李林（1916—1940）是其中最

人物故事

华侨旗帜陈嘉庚　陈嘉庚，东南亚著名华侨企业家、"橡胶大王"。少年时他随父赴新加坡经商，致富后不忘苦难中的祖国，曾加入同盟会，资助孙中山，兴办集美学校和厦门大学。1928年日本制造"济南惨案"后，他义无反顾地领导华侨开展抗日救亡运动。1937年10月，他发起成立"马来亚新加坡华侨筹赈祖国伤兵难民大会委员会"，亲任主席。次年他又联络南洋各地华侨代表在新加坡成立南侨总会，被推举为主席。在积极带头捐款献物的同时，陈嘉庚也十分关心祖国抗日阵营内部的团结。1938年10月，他以国民参政员的身份从新加坡发电报，向重庆国民参政会提出"在敌寇未退出国土以前，公务人员任何人谈和平条件者，当以汉奸国贼论"的提案，轰动一时，被引为美谈。1940年，他在亲访重庆、延安等地后发表演讲，盛赞中共领导的陕甘宁边区的新气象，认为"中国的希望在延安"。1941年太平洋战争爆发后，为防落入已南侵的日寇魔爪，他总是随身携带一粒氰化钾备用，并坦然自若地说："人生自古孰无死！万一不幸被捕，敌人必强我作傀儡，代他说好话，我决不从！那时一死以谢国家，有什么不得了！"

杰出的一位。她担任过八路军第120师第6支队骑兵营教导员等职务，经常手持双枪，率领骑兵奇袭敌军，战

西南运输处同登支处发给华侨刘瑞齐的汽车司机服务证

果显赫。1940年4月26日，李林在战斗中壮烈牺牲，年仅24岁。

在南洋华侨回国参战的热潮中，比较突出的事例还有滇缅公路上的3 000多名"南侨机工"。为提高战时对外生命线滇缅公路的运输能力，陈嘉庚以南侨总会名义发出了征募汽车驾驶员和机修人员的通告，得到广大华侨的积极响应。1939年2月至9月，南洋华侨机工3 000多人分9批回到祖国，以顽强的拼搏精神奋战在环境恶劣、日机不断轰炸下的千里滇缅公路，大大提高了滇缅公路的运输能力。据相关资料记载，自南洋华侨机工上路后，每月通过滇缅公路运入中国的军用物资达1万吨，仅1941年，运回国内的各种军用物资就达13.2万余吨。此外，还有1 000多人为此献出了宝贵生命。

　　1940 年 3 月，已经 67 岁的陈嘉庚亲率南侨总会回国慰劳团一行 40 多人回到祖国，将 320 万元慰劳金献给政府。为减轻国家负担，团员还自备了生活用品。在重庆做完紧凑的考察、座谈和参观后，慰劳团编成华中、东南、西北 3 个分团，到各战区考察，历时半年多，足迹踏遍川、滇、黔、宁、陕、晋、绥、青、湘、鄂、赣、闽、粤、浙、豫、桂等省的各大战区及所属数百个城镇和乡村。赴西北慰劳考察的陈嘉庚等 3 人于 5 月 31 日到达延安，受到延安各界 5 000 多人欢迎。毛泽东、朱德等中共领导人多次与陈嘉庚坦诚会谈，使陈嘉庚进一步了解了中国共产党领导的敌后抗战辉煌业绩，坚定了为祖国抗战贡献一切的决心。

　　陈嘉庚和他领导下的南侨总会，以及其他大大小小、有名无名的爱国侨团，在中国人民抗日战争史和世界人民反法西斯战争史上建立了不可磨灭的功勋，在华侨爱国史上谱写了可歌可泣的壮丽篇章。他们的作为，他们的影响，山高水长，永垂不朽！

第六章

伟大胜利

VR融媒党史云课堂
党史学习就在我身边

1. 美国对日核打击

进入 1945 年，同盟国的反法西斯战争出现了空前有利的形势，先后通过雅尔塔会议和波茨坦会议加强了战略协调，德、日法西斯已日暮途穷。在欧洲战场，反法西斯战争已临近最后胜利；在亚洲、太平洋战场，盟军也一步一步地逼近日本本土。中国人民抗日战争暨世界反法西斯战争，已进入到战略反攻的最后阶段。

1945 年 7 月 26 日，波茨坦会议以宣言的形式发表了《中美英促令日本投降之波茨坦公告》，敦促日本法西斯立即投降。但是，顽固不化、执迷不悟的日本对此置之不理。28 日，日本铃木首相屈服于军方的压力，在记者会上说，波茨坦公告只不过是《开罗宣言》的旧调重弹，本政府认为此公告并无任何重要价值，对此不予理睬。

日本公开拒绝《中美英促令日本投降之波茨坦公告》，同盟国不得不对日本法西斯进行最后一击。美国杜鲁门政府为了争取掌握占领日本的主动权，急欲单独迫

历史掌故

开罗会议和《开罗宣言》

　　1943 年 11 月 22 日至 26 日，中、美、英三国首脑蒋介石、罗斯福、丘吉尔在开罗举行会议，商讨联合对日作战计划和解决远东问题的方案。12 月 1 日，三国首脑发表《开罗宣言》，庄严宣告：对日作战的目的在于制止并惩罚日本侵略；将坚持长期作战以迫使日本无条件投降；日本攫取的中国的领土，如东北、台湾、澎湖列岛等归还中国；使朝鲜自由独立等。《开罗宣言》不仅确认台湾是中国领土，肯定中国收复失地的神圣权利，而且强调要将反法西斯战争进行到底，直到日本无条件投降，这对中国和亚洲其他各国抗日军民来说都是极大的鼓舞。战后，《开罗宣言》还成为了处置日本问题的重要依据。

使日本投降，以便获得在战后同苏联对抗的有利战略地位。早在7月24日，杜鲁门总统就发布了可以向日本本土投放原子弹的重要决定，一方面指望以此减少美军伤亡，促使日本尽快投降；另一方面则企图通过展示美国的优势来对苏联施加政治压力。"总统令"是这样写的："只要天气适宜，509军团的空军20号将于8月3日左右投放第一颗特殊炸弹，目标是日本的下列城市之一：广岛、小仓城、新潟和长崎。"

1945年8月6日清晨，美国B-29型轰炸机"埃诺拉·盖伊"号，携带着代号为"小男孩"的原子弹，飞离太平洋提尼安岛。美国想抢在苏联出兵中国东北、进攻日本关东军之前，在日本广岛投下世界上第一颗用于实战的原子弹。3小时后，轰炸机靠近硫黄岛，与记录爆炸过程的2架侦察机会合。9时左右，飞机飞临广岛上空。9时15分刚过，蒂贝茨机长打开飞机底舱，投下了原子弹。15秒后，原子弹在广岛爆炸。天空顿时出现一道强烈的白光，一团粉中带紫的烟雾和火焰翻卷而上，并且不停地膨胀、膨胀、膨胀。广岛上空升起了一团蘑

人类历史上第一颗用于实战的原子弹在广岛爆炸时的情景

菇云，7.8 万人在一瞬间死亡，10 多万人受伤或受到放射性辐射，广岛成为一片可怕的废墟，成为人间地狱。9 日 11 时 01 分，美国又在长崎投下代号为"胖子"的原子弹，制造了比广岛更为严重的打击。

美国对日本广岛、长崎投掷原子弹，震动了日本朝野，沉重打击了日本军国主义统治集团顽抗到底的精神防线，加快了日本投降的进程。

2. 苏联对日出兵

苏联在欧洲彻底击败纳粹德国后，加紧了对日本法西斯作战的准备工作。1945 年 5 月，苏联从西线调动大批军队开赴远东地区。到 8 月初，苏联在远东的总兵力已达 131 个师、117 个旅，共 174.7 万人，拥有 5 170 架作战飞机、5 250 辆坦克和自行火炮等强大的武器装备。

8 月 8 日下午 5 时，苏联外交人民委员莫洛托夫召见日本驻莫斯科大使佐藤尚武，交给对方一份苏联对日宣战书，宣布参加《波茨坦公告》，从 8 月 9 日起与日本

苏联红军进入中国东北

进入战争状态。苏联驻东京大使马立克，也在同一时间将苏联政府这一宣言通知了日本政府。

8月9日零点钟声刚过，苏联红军立刻从西、北、东3个方向越过中苏边界，对日本关东军发起进攻。此时的关东军，其大批精锐部队已调往中国关内或太平洋战场，余下的大部分都是些训练不足、装备不强的新组建部队。再加上关东军对苏联红军的主要进攻方向判断失误，主力部队很快陷入混乱。为此，关东军总司令官于 12 日匆忙将总司令部移往通化，并令中部平原各部队向最后阵地撤退。苏联红军在掌握制空权和有中国东北抗日联军配合的有利条件下，以机械化部队迅速向大纵深推进，同时以空降兵向哈尔滨、沈阳、长春、吉林、

历史掌故

《波茨坦公告》

　　1945 年 7 月 17 日至 8 月 2 日，美、英、苏三国首脑和外长在德国柏林西南的波茨坦举行会议。其间，三国首脑讨论了结束对日作战的条件和有关对日本战后处置的方针，并通过了一项由美、英、中三国签署的决议，即《波茨坦公告》。7 月 26 日，《波茨坦公告》公开发表并宣布：盟国对日作战将继续到日本完全停止抵抗为止，日本政府必须立即投降。公告还规定了盟国接受日本投降的条件：铲除日本军国主义；对日本领土进行占领；实施《开罗宣言》之条件，解除日本军队的武装，惩办战争罪犯；禁止军需工业；等等。8 月 8 日，苏联随后也签署并承认了《波茨坦公告》。该公告反映了世界人民和同盟国早日击败日本、结束战争的愿望，吹响了同盟国向日本发起最后进攻的号角。

旅顺、大连等主要城市实施空降。

在苏军迅猛的攻势下，日本关东军措手不及，不到一周，便被轻而易举地击溃。19 日，苏联红军进占齐齐哈尔。20 日，苏联红军开进长春、沈阳、哈尔滨、佳木斯等城市。22 日，苏联红军先头部队进抵旅顺、大连。23 日和 24 日，苏军坦克部队乘火车进驻旅顺、大连。与此同时，南翼苏联红军进展迅速，于 8 月 10 日起先后攻占了朝鲜北部的雄基、罗津、清津、元山等港口城市；19 日，苏联红军进占平壤，不久推进到"三八线"附近。到 8 月底，在中国东北和朝鲜北部的关东军全部被解除武装。经过 20 余天作战，苏联红军以伤亡 3.2 万余人的代价，击毙日军 8.3 万余人，俘获日军 60.9 万余人。

苏联参与对日作战，大大缩短了同盟国对日作战的时间，加速了日本法西斯的灭亡。

3. 中国战场反攻

随着世界反法西斯统一战线的建立，尤其是自 1943 年开始，同盟国军队在欧洲战场、非洲战场、亚洲和太平洋战场陆续转入战略反攻和战略进攻后，作为世界东方对日作战主战场的中国战区，也开始迎来形势逆转。1943 年 7 月，八路军在卫（河）南、林（县）南进行战役作战，揭开了中国人民抗日战争战略反攻的序幕。

　　不久，国民党军队根据同盟国制订的作战计划，在缅北、滇西战场发起反攻。从 1943 年 10 月至 1945 年 3 月，中国驻印军和中国远征军在缅北、滇西反攻作战中，收复缅北大小城镇 50 余座，收复滇西失地 8.3 万平方千米，基本歼灭日军第 18、第 56 师团，重创日军第 2、第 49、第 53 师团等部，共歼灭日军 4.9 万余人，缴获了大批武器装备。这一战役的胜利，不仅打通了中国西南国际交通线，把日军赶出了中国西南大门，而且沉重打击了侵缅日军，为盟军收复缅甸创造了有利条件，减轻了盟军在印缅地区和太平洋地区的压力，有力支援和配合了盟军对日作战及东南亚人民的抗日斗争。

　　随着世界反法西斯战争形势的不断发展，敌后战场的对日反攻作战也出现了节节胜利的大好局面，中国共

1945 年 9 月 9 日，中国战区受降仪式在南京举行。图为日本中国派遣军总参谋长小林浅三郎代表冈村宁次向中国陆军总司令何应钦递呈投降书

产党领导的抗日武装力量已逐渐发展壮大成为战略反攻的主力军，抗击着全部侵华日军的 64%。1945 年 8 月 9 日，毛泽东发表《对日寇的最后一战》的声明，号召八路军、新四军及其他人民军队，应在一切可能条件下，对于一切不愿投降的侵略者及其走狗实行广泛的进攻。10 日、11 日，朱德总司令连续发布 7 道命令，命令全国各解放区抗日武装部队向敌占城市及交通要道进军，限令敌军投降，若遇抵抗，坚决消灭。

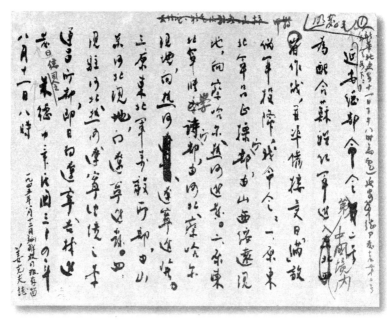

延安总部发布的第二号命令手稿

　　根据毛泽东和延安总部的指示与命令，各解放区抗日武装部队立即展开了强大的全面反攻。冀热辽部队、山东部队及新四军第3师主力向东北挺进，与东北抗日联军一起，配合苏联红军进攻，收复了东北大片土地。晋察冀部队解放了绥远、山西大部及察哈尔全省，攻占了张家口、山海关、秦皇岛等重要城市，并完成了对北平、天津、保定等城市的包围。晋绥部队攻占了归绥，并进逼太原。山东部队解放了包括临沂、曲阜、烟台、威海等在内的 100 个县城。晋冀鲁豫部队解放了黄河沿岸的广大地区。华中部队完全控制了苏北、苏中、淮北、淮南等广大地区，直逼上海、南京。华南抗日游击纵队也开始向广九、潮汕地区进击。

在 1945 年 8 月 11 日至 10 月 10 日历时两个月的反攻作战中，中国共产党领导的抗日武装力量共毙俘日伪军 23 万余人，收复城市 197 座，收复国土 31.52 万平方千米，解放人口 1 870 余万。同时，切断了北宁、同蒲、平汉、津浦、正太、陇海、胶济等铁路线，取得了反攻作战的重大胜利。

4. 日本无条件投降

在中国、美国、苏联和其他同盟国军队以及东南亚各国人民的共同打击下，日本军国主义再也没有昔日的猖狂，不得不偃旗息鼓、举手投降。1945 年 8 月 9 日上午，日本召开最高战争指导会议，讨论战与降的问题，最终勉强通过了决定接受《中美英促令日本投降之波茨坦公告》的决议。10 日凌晨，日本外务省通过驻瑞士公使加濑俊一和驻瑞典公使冈本季正将日本接受《中美英促令日本投降之波茨坦公告》的照会转交中、美、英、苏四国。14 日 10 时 50 分，日本召开最后一次御前会议，日本天皇见大势已去，于是做出接受同盟国答复的决定，并让政府起草停战诏书。15 日，日本天皇裕仁亲自宣读的"终战诏书"录音向日本全国播放，以此宣布日本无条件投降。17 日，天皇还向国内外的武装部队发布敕谕，命令他们遵照"终战诏书"投降，散布在远东、南亚、南洋的太平洋诸岛的 300 多万日本军队，陆续向同盟国投降。

1945 年 9 月 2 日上午，日本天皇和政府以及日本大本营的代表在停泊于东京湾的美军军舰"密苏里"号上，签署了对同盟国的投降书。日本新任外相重光葵代表日本天皇和政府，参谋总长梅津美治郎代表帝国大本营，签署了投降书。随后，同盟国最高司令官麦克阿瑟上将、美国代表尼米兹海军上将、中国代表徐永昌将军、英国代表福莱塞海军上将、苏联代表杰列维亚科中将，以及澳、加、法、荷、新西兰等国代表依次签字。至此，法西斯轴心国中最后一个国家——日本正式投降，中国人民抗日战争胜利结束，世界反法西斯战争也胜利结束。9月3日，便成为中国人民抗日战争胜利纪念日。

1945年9月9日，中国战区日军投降签字仪式在南京国民政府中央军校大礼堂内举行。9时，中国战区日本投降代表、中国派遣军总司令官冈村宁次解下佩刀，交由总参谋长小林浅三郎双手捧呈中国战区最高统帅蒋介石的特派代表、中国陆军总司令陆军一级上将何应钦，以表示侵华日军正式向中国缴械投降。然后，冈村宁次在投降书上签字。

台湾的光复工作也随之正式展开。8月28日，南京国民政府任命陈仪为台湾行政长官兼台湾警备司令部总司令，负责包括澎湖列岛在内的台湾地区的受降工作。10月25日上午，中国战区台湾地区受降典礼在台北中山堂隆重举行，日方代表安藤利吉在投降书上签字盖章。从此，被日本侵占50年的宝岛台湾终于回到祖国怀抱。为纪念台湾光复，10月25日被定为"光复节"。

在空前惨烈的抗日战争中，中国军民前仆后继、浴血奋战，涌现出了杨靖宇、赵尚志、左权、彭雪枫、佟麟阁、赵登禹、张自忠、戴安澜等一批抗日将领，以及八路军"狼牙山五壮士"、新四军"刘老庄连"、东北抗联八位女战士、国民党军"八百壮士"等众多英雄群体。他们是中国人民不畏强暴、英勇抗争的杰出代表。经过艰苦卓绝的长期抗战，中国人民终于以军民伤亡 3 500 万人以上、直接经济损失 1 000 多亿美元、间接经济损失 5 000 多亿美元的沉痛代价，取得了抗日战争的伟大胜利。

5. 勿忘抗战

中国人民抗日战争，是 20 世纪中国和人类历史上的重大事件，是近代以来中华民族反抗外敌入侵第一次取得完全胜利的民族解放战争，是中华民族摆脱外来压迫、实现民族解放、走向民族复兴的转折点。

中国人民抗日战争，捍卫了国家主权和领土完整，使中华民族避免了遭受殖民奴役的厄运，显著提高了中国的国际地位和国际影响，改变了国家的命运。

　　一个屡战屡败的民族可能赢得同情，但不可能赢得尊重。中国人民抗日战争为争取中华民族独立和解放创造了历史机遇，获得了国际社会的尊重。南京国民政府利用参加世界反法西斯同盟这一历史契机和有利的国际

历史掌故

抗战胜利纪念日由来

　　1945 年 8 月 14 日，日本政府照会中、美、英、苏四国政府，表示接受《波茨坦公告》。15 日正午，日本天皇裕仁亲自宣读"终战诏书"的录音向日本全国播放，宣布无条件投降。9 月 2 日，日本在停泊于东京湾的美国"密苏里"号战列舰上签署向盟国的投降书，正式宣告了日本军国主义的彻底失败，中国人民抗日战争暨世界反法西斯战争取得最后胜利。当时的南京国民政府于第二天下令举国庆祝 3 天，并从 1946 年开始，把 9 月 3 日作为抗战胜利纪念日。中华人民共和国成立后，我国政府曾将 8 月 15 日作为抗战胜利纪念日，1951 年又改回 9 月 3 日。1999 年，政府以法规形式将 9 月 3 日确定为抗日战争胜利纪念日，并于 2014 年以立法形式正式确定每年 9 月 3 日为中国人民抗日战争胜利纪念日。

环境，初步废除了各国由对华不平等条约所赋予的许多特权，使一个世纪以来世界列强强加给中国的不平等条约体系开始崩溃，并使中国成为联合国的主要创始国和安理会常任理事国。

中国人民抗日战争，促进了中华民族的大团结，弘扬了中华民族的伟大精神。近代中国反抗帝国主义列强的侵略，经历了漫长而曲折的斗争。中国人民经过辛亥革命和五四运动的洗礼，特别是随着马克思主义的传播和中国共产党的诞生，中华民族终于觉醒起来，犹如梦醒的睡狮，迸发出无穷威力。

这场抗日御侮的战争，以其前所未有的气势激发起国人团结御侮的巨大能量，彰显出气贯长虹的爱国主义精神，使中华民族空前觉醒，空前团结，为民族前途和命运而抗争的意识空前增强。

这种巨大的民族觉醒和空前的民族团结，不但是战胜日本侵略者的力量支撑，而且是实现中华民族伟大复兴的不竭动力，是中华民族弥足珍贵的精神财富。

中国人民抗日战争，还是一场推动新民主主义革命

1945 年，南京国民政府特派中国共产党党员董必武为出席联合国大会代表的特派状

历史进程的战争。这场战争，既是争取独立与解放的民族战争，也在推动着一场民主与进步的深刻社会变革。

在抗日民族统一战线的旗帜下，国共两党执行着不同的路线，最后表现出了不同的发展轨迹。

以蒋介石为首的国民党统治集团，代表大地主、大资产阶级的利益，惧怕人民群众在抗日战争中广泛动员、觉醒和组织起来，尤其惧怕共产党领导的人民抗日力量发展壮大，危及其统治，实行单纯依靠政府和军队的片面抗战路线，特别是全民抗战后期，不断强化独裁统治，逐渐失去了民心。

与此相反，以毛泽东为代表的中国共产党人，从中国广大人民群众的根本利益出发，动员、组织和武装人民群众特别是广大农民群众，开展波澜壮阔的人民战争，实行全面的全民族的抗战路线，并提出推动中国社会进步的新民主主义理论和方针政策，得到了广大老百姓与各民主党派、无党派爱国人士的拥护和支持。

可以说，这场战争改变了中国社会政治力量的对比，为建立新中国和实现中华民族的伟大复兴创造了有利条件。历史是最好的教科书，也是最好的清醒剂。在新的历史条件下，全党全国各族人民要大力弘扬伟大抗战精神，不断增强团结一心的精神纽带、自强不息的精神动力，努力朝着中华民族伟大复兴的中国梦奋勇前进，不断以坚持和发展中国特色社会主义的新成就告慰我们的前辈和英烈！